艺术专业论文写作精要

薛婧婧◎著

中国戏剧出版社

图书在版编目（CIP）数据

艺术专业论文写作精要 / 薛婧婧著 .-- 北京：
中国戏剧出版社，2023.3
ISBN 978-7-104-05313-2

Ⅰ.①艺… Ⅱ.①薛… Ⅲ.①艺术—论文—写作
Ⅳ.① H152.3

中国版本图书馆 CIP 数据核字（2022）第 241771 号

艺术专业论文写作精要

责任编辑： 邢俊华
责任印制： 冯志强

出版发行：	中国戏剧出版社
出 版 人：	樊国宾
社　　址：	北京市西城区天宁寺前街 2 号国家音乐产业基地 L 座
邮　　编：	100055
网　　址：	www.theatrebook.cn
电　　话：	010-63385980（总编室）　　010-63381560（发行部）
传　　真：	010-63381560

读者服务：010-63381560
邮购地址：北京市西城区天宁寺前街 2 号国家音乐产业基地 L 座

印　　刷：	天津和萱印刷有限公司
开　　本：	787mm×1092mm　1/16
印　　张：	10
字　　数：	185 千字
版　　次：	2023 年 3 月　北京第 1 版第 1 次印刷
书　　号：	ISBN 978-7-104-05313-2
定　　价：	68.00 元

版权专有，违者必究；如有质量问题，请与出版社联系调换。

前 言

对于很多学生或者研究者而言，尽管非常明确论文所具有的重要性，也十分迫切地想要写好论文，然而在提笔之时，仍旧心下茫然，不知该如何开始撰写工作。特别是对艺术专业的学生和相关从业者而言，论文写作成为一件难事。究其原因，我国高等艺术院校和艺术专业，在本科生阶段，写作训练的课程课时少，学分少，教师与学生也大都不予重视。这样一来，艺术专业的学生在写作能力上就存在"先天不足"，难以完成好论文写作的任务。

现如今，我国每年有大量艺术专业学生毕业，不少人想写好学位论文却不得其门而入，对于写出有见地的学术论文尤感困难。

其实，论文写作并非人们想象中那般艰难，艺术专业论文也有其自身的特点及写作技巧，只要我们能够熟悉论文写作，掌握相关规范要求，习得有关写作技巧，形成较为成熟的研究思路，就能写出优秀的、具有价值的论文。

具体而言，艺术学论文写作必须以艺术学知识为基础，对艺术学论文的概念有正确的认知，从系统有效、全面有条理的方法论角度，深入浅出地陈述研究过程，得出科学结论，从而让读者更加了解、亲近艺术。本书第一章为绪论，包括四部分内容，分别为什么是艺术专业论文写作、为何撰写艺术专业论文、论文写作的基本要求和论文评价体系。第二章重点介绍学术论文的结构，分别为标题、作者和单位、关键词、摘要、目录、绪论、本论、结论、致谢和注释、参考文献、附录。第三章为论文写作的方法，主要包括领会写作要求，有的放矢；做好相关准备，运筹帷幄；确定论文选题，事半功倍；搜集有用材料，广纳群贤；勾勒论文提纲，朗若列眉；充实文章内容，添枝加叶；完善各处细节，查缺补漏。第四章为论文写作的规范与要点，重点对论文的格式编排、论文的写作规范、论文的写作要点和艺术专业词汇进行介绍。第五章主要阐述论文写作的技巧，包括四部分内容，分别为论文写作基本经验、标题写作技巧、摘要写作技巧和论文答辩技巧。第六章重点针对艺术专业论文写作注意事项进行阐述，主要分为尊重艺术和理解艺术两部分内容。

  本书为2022年辽宁省研究生教育教学改革项目"人文社科类研究生学位论文质量保障与提升的理论创新与实践路径"（LNYJG2022382）、2021年度辽宁省普通高等教育本科教学改革研究项目"习近平关于思想政治理论课'让学生讲'的教学理念研究与实践"、2021年度辽宁省新文科研究与改革实践项目第58号10178鲁迅美术学院"艺术与科技专业跨学科交叉课程体系建设研究"结项材料之一。

  在撰写本书的过程中，作者得到了许多专家学者的帮助与指导，参考了大量的学术文献，在此表示真挚的感谢。本书内容丰富新颖、系统全面，论述深入浅出、条理清晰，但由于作者水平有限，书中难免会有疏漏之处，希望广大同行及时指正。

作者
2022年10月

目 录

前 言 1

第一章 绪 论 1
第一节 什么是艺术专业论文写作 1
第二节 为何撰写艺术专业论文 4
第三节 论文写作的基本要求 7
第四节 论文评价体系 12

第二章 学术论文的结构 17
第一节 标 题 17
第二节 作者和单位 19
第三节 关键词 20
第四节 摘 要 21
第五节 目 录 23
第六节 绪 论 25
第七节 本 论 29
第八节 结 论 31
第九节 致 谢 34
第十节 注释、参考文献、附录 36

第三章　论文写作的方法……38
第一节　领会写作要求，有的放矢……38
第二节　做好相关准备，运筹帷幄……41
第三节　确定论文选题，事半功倍……43
第四节　搜集有用材料，广纳群贤……59
第五节　勾勒论文提纲，朗若列眉……81
第六节　充实文章内容，添枝加叶……86
第七节　完善各处细节，查缺补漏……101

第四章　论文写作的规范与要点……108
第一节　论文的格式编排……108
第二节　论文的写作规范……113
第三节　论文的写作要点……117
第四节　艺术专业词汇……119

第五章　论文写作的技巧……124
第一节　论文写作基本经验……124
第二节　标题写作技巧……128
第三节　摘要写作技巧……135
第四节　论文答辩技巧……137

第六章　艺术专业论文写作注意事项……147
第一节　尊重艺术……147
第二节　理解艺术……149

参考文献……152

第一章 绪 论

在开始撰写论文之前,我们首先要对论文,特别是艺术专业论文有一个整体的了解,方能做到"知己知彼,百战不殆"。本章对艺术专业论文写作加以概述,主要分为四部分内容,包括什么是艺术专业论文写作、为何撰写艺术专业论文、论文写作的基本要求以及论文评价体系。

第一节 什么是艺术专业论文写作

在此,我们通过对艺术、艺术学以及论文相关含义的简要阐述,介绍何为艺术专业论文,以及分析艺术专业论文相对其他学科论文而言所独有的特点。

一、艺术专业论文的概念

(一)艺术与艺术学

艺术,是人类所独有的一种精神性创作活动,是人类思想感情的集中表达和体现。它包括美术、设计、音乐、舞蹈、戏剧、电视、电影等艺术形式。可以说,自人类诞生之日起,艺术就成了人类不可或缺的一部分,并一直伴随人类直至今时今日。

所谓艺术学,概而言之,指的是以艺术作为研究对象的科学,包括研究艺术主体、艺术客体、艺术受体、艺术实践、艺术规律、艺术现象等带有理论性和学术性的人文科学。

(二)论文

本书中所阐述的"论文"是学术论文的泛称。那么,什么是学术论文呢?要厘清这一概念,我们先得说明什么是学术。

梁启超曾说:"学也者,观察事物而发明其真理者也;术也者,取发明之真理而致诸用者也。""学"指学问,"术"指技术,他认为学术的旨趣在于探究和发现事物的规律。

《辞海》则对学术的含义有进一步的解释。它指出学术指较为专门、有系统的学问。"专门"指专业性,比如艺术学、历史学、哲学、语言学等是人文学科领域里的一个个专门的学科。"系统"指整体性,而不是零碎的、片断的,比如学校设置一系列相关的课程使学生获得某一专业的系统的知识和理论。因此,对专门的、有系统的学问进行探讨和研究,就是学术研究。当我们的学术研究取得了成果,再把它写成论文,就是学术论文。

对于学生来讲,提到论文,最熟悉的应当是"学位论文"。无论是本科生、研究生抑或是博士生,都必须学会撰写"学位论文"。实际上,学位论文也应被归类到学术论文的范畴。学位论文是作者从事科学研究取得了创造性的成果或有了新的见解后,以此为内容撰写而成的作为申请授予相应的学位时评审用的学术论文。

有一些文章看似很像学术论文,实则二者有所区分、不可混淆。简单而言,以向大众普及各种知识为目的的著作与文章,一般都不是学术论文。我们应当认识到,学术论文是需要有所创见的,这些创见是作者进行独立研究所创获的成果。而普及性的著作和文章则无须创见,只是把既有的研究成果拿过来,加以综合,进行介绍。例如,沈从文著的《中国服饰史》和华梅著的《西方服装史》分别对中、西方服装的演进和发展进行了专门的、系统的研究,无疑是学术著作。而顾建华所著的《服装》一书,作为"衣食住行话文明"系列丛书之一,就属于普及性读物。学术论著与普及性读物,是性质与功用皆不相同的两种著作。

此外,一般的资料性文章也不是学术论文。进行学术研究,我们首先要广泛地搜集资料(关于搜集资料,在本书后文会进行详细阐述)。资料性的文章和书籍为学术研究提供了必不可少的基础,但是它们本身算不上学术论著。比如,蔡仲德的《中国音乐美学史资料注译》,非常系统而全面地对自先秦至清代的有关音乐美学的资料进行了搜集、整理、注释和翻译,工程浩大,积年以成。这本书资料繁博、注译确当,为研究中国音乐美学史打下了坚实的基础。但是,它本身并非学术著作。随后,蔡仲德对这些资料进行了深入的分析和研究,撰写了一系列有独到见解的论文,继而又撰写了独树一帜的《中国音乐美学史》,这些才是真正的学术论著。

(三) 艺术专业论文

通过正确认识艺术、艺术学以及论文的相关含义，我们可以将艺术专业论文写作理解为具有逻辑性和抽象性的艺术学理论文章写作，是运用语言文字对艺术历史或现状、艺术思想或理论、艺术现象或规律、艺术实践或创作、艺术技术或规范进行分析、论证的创作活动。与其他学科门类一样，艺术专业论文需要具备学术论文的基本要求，符合学术论文的一般特点，然而其又具有自身的专业性，因而也有独特之处。

二、艺术专业论文的整体特点

从整体来看，艺术学术论文具有以下几个特点：

(一) 理论体系的系统性和完善性

例如，想要完成美术史类学术论文写作，我们就必须具备系统的美术史知识，包括美术史及美术理论的内容，同时还需要具备科学的美术史观。这里所指的"具备美术史知识"，并不是浅尝辄止地了解，而是能够对美术史中不同时期的风格、流派、代表人物及时代特征全面而深入地掌握，并在学习过程中不断分析总结、提出问题。此外，我们还需要系统地学习美术史研究的方法。

如果理论体系存在缺陷，就会出现"一叶障目，不见泰山"的情况。艺术学术论文属于人文社会科学研究的范畴，只有少数诸如工业设计及部分工艺美术门类的研究涉及自然科学，故其更加重视理论的科学性和系统性。

(二) 论证过程的科学性和严密性

艺术学研究的主体是研究者，那么在研究过程中必然带有人为因素，包括研究者的看法、观点、认识等，这也是艺术专业论文的精华所在。但这不代表我们可以在研究过程中随意提出观点，或是凭借自己主观意愿下定结论。论文的结论是否正确，往往与论证的过程有直接的关系，而艺术学术论文则应对论证过程的科学性与严密性格外注重，避免研究者在写作过程中出现主观臆断，导致结论有误，从根源上影响论文质量与价值。唯有经得起推敲的，逻辑严密、内容科学的艺术学术论文才是成功且优秀的，有其研究价值与意义。

(三) 研究结果的开拓性和创新性

从功能或用途来讲，论文写作的目的是对研究进行总结，并付诸应用，服务于社会。艺术专业论文写作也是如此，它不是为了应付课程作业或毕业而进行的一种无意义劳动，因而不能搞形式，必须考虑到论文的价值。对于学习阶段的写作者而言，虽然不能说写作的论文能够具有多大的社会效应和影响力，但起码具有一定的开拓性。虽然不一定能够对某一问题提出新的见解，起码可以尝试一种新的角度。如果很难找到切入点，就充分考虑自身的专业优势，在自己较为熟悉的领域中，结合自己艺术实践过程中的思考与困惑展开写作；如果很难在理论上有所突破，就在研究方法和研究视角上做文章，尝试运用一些新的研究方法，尝试从一个新的角度看问题，这样可能会得到出人意料的结果。

在毕业生论文答辩过程中，答辩委员经常问的一句话是"你论文的创新性在什么地方"，就是问论文在哪些地方有所突破，不是照搬他人成果，而是有新的发现。因此，研究结果的开拓性和创新性是艺术专业论文必不可少的要素。

第二节　为何撰写艺术专业论文

长期以来，艺术专业"重技轻文"的现象非常严重。对于学术论文不以为然、胡乱为之的大有人在，对于理论研究心存芥蒂、妄自菲薄的情况也不少见。特别是对于艺术本科生、硕士生而言，有些人具有较强的专业素质、专业能力，然而一提到"论文"就倍感压力，他们不理解为何要撰写论文，更有甚者把撰写毕业论文当作一项被迫完成的任务，没能真正意识到学习艺术专业论文写作、撰写艺术专业论文的意义所在。在此，本节对"为何撰写艺术专业论文"加以阐释，希望写作者能正确对待论文写作，消除畏难情绪，以更加积极主动的态度开展学习。

一、完善学习体系，增强专业能力

很多艺术专业的学生认为，自己只要有过硬的专业能力即可，能不能写好论文并不重要，撰写论文也不会影响自身艺术创作能力。然而这一观点是错误的，是非常片面的。如果缺乏撰写论文的能力，我们的学习体系终将是不健全、不完善的，这一短板也势必影响艺术创作能力的提升。

艺术创作与论文写作在表面上看似乎是两回事，但中间的关联却是千丝万缕的。广州美术学院的前院长郭绍纲认为，论文写作能够"促进理论与实践的结合，使专业学习避免情志无主的盲目性。前人成才规律表明，学文与学艺相辅相成。以文助艺，艺术实践才有高尚的追求；艺得文助，作品才会有丰富的内容，学生才能在学习中易于理解艺术的师迹、师心、师造化的关系,从而深入地理解艺术的真谛"①。艺术专业的论文写作与艺术学科的知识、艺术创作的理论和实践紧密相关。如果我们的艺术感知仅仅停留在零散和混沌的层面上,将很难在艺术创作上有所建树。因而艺术专业的学生应当着力提升自身撰写论文的能力与水平,通过富有逻辑的、科学的论证,通顺、流畅、简明扼要的语言,将自身对艺术的感知梳理、总结,形成有价值的艺术理论,并在此过程中让自己艺术创作能力不断提升。艺术专业学子不应该成为知性和学术苍白的代表,一定的写作研究会完善写作者的学习体系,让其艺术触角变得更加敏锐,作品的精神内涵也会更加丰满。

二、增强文化修养,引发深入思考

对于艺术专业学生而言,"提升文化修养"是终其一生的课题。即便一个人具备再高的艺术天分,假使其不具备相应的文化修养,也无法对自身的艺术天分加以利用。可以说,"文化修养"是我们表达艺术观点、进行艺术创作的前提与基础。

文化修养不是一朝一夕就能得来的,它建立在日积月累的学习之上。这里所说的学习,不仅仅是我们在学校所学的课程,还包括日常生活中的点滴积累。如前所述,在撰写艺术学术论文之前,我们需要搜集大量文献资料,并对其进行阅读、理解、分析、研究。在这一漫长过程中,我们将接触到各领域丰富多元的文化知识,如果能够将这些知识深谙于心、化为己用,无形之中,文化修养便得到了自然而然的提升。

无论是本科生还是研究生,平日里大多是在课堂内进行学习,这是一种比较单纯的接受式学习,但学术论文的写作却不能停留在对学科知识的简单识、记和重复上。艺术学术论文需要反映创新性的成果,需要写作者睁开自己的眼睛,身体力行地进行独立的研究并发出自己的声音。学而不思则罔,思而不学则殆,论文写作正是通过"书面的形式来思考"的,这种思考会促使学生更好地阅读、记忆和判断,也促使他们更严谨地对研究对象进行梳理、分析和探讨。

特别在当代,众声喧哗,艺术迭变,艺术创作和技术的层面都需要理性和理论的滋养,艺术专业学子不能只沉浸在视觉的感性感知之中,应不断提升自身文化修养,提升"批判性的思维"的质量,立足于此,对艺术进行积极思考和不断追问。

---

① 周楷主编.美术专业毕业论文写作[M].南宁:广西美术出版社,2000:04.

三、完成人才培养，推促人才进步

艺术学术论文写作是重要的学习途径，能够帮助实现人才培养。其中，又以学位论文最有代表性。学位论文要在论文中反映写作者的知识水平、科研能力和学术创新精神，是写作者在本学科专业中学习与研究的成果文本。学位论文要求在学科内选题，也会迫使写作者更多地关注学科的发展信息，加深对本专业知识的认识与理解。同时，学位论文也不是对常识或经验的简单叙述，而是需要继续深入学习以解决难题、澄清事实、寻找规律、提升理论水平等。

学位论文涉及的知识面非常广泛，从宏观的知识结构和学科体系到微观的个体和个案，有时还涉及跨学科的比较研究和综合研究。因此，撰写学位论文实际也是一种立足已知向未知进发的挑战。写作与阅读、思考、考察、创作（实践）相生相伴。倘若没有写作需求，许多知识点可能就此缺失或者永远不甚了了。写作，然后知不足；写作，让人学而知之，学而进步。从中还会锻炼写作者的文字表达能力并提升文化理论的水平。严密的、富有逻辑和文采的论文文本，并不是一蹴而就的。这样相对长期、复杂和反复的论文写作过程，对锻炼人才、培养人才是非常有益的。

此外，国家学位条例明确规定，硕士研究生毕业时需要"通过硕士学位的课程考试和论文答辩，成绩合格"才能被授予硕士学位，大学本科学士学位的获取同样也需要通过相应的课程考试和论文答辩。因此，学位论文的写作质量与答辩情况实际上也是对艺术专业学生的检验，是完成人才培养任务的重要一环。

四、强化研究能力，培树优良品行

艺术学术论文写作是学术研究的手段，学术论文的基本属性决定了它不属于一般的随感和小文章，它是严肃的、具有科学性的。"学术"二字并不是与艺术无缘，艺术本身就是一种文化、一种学问。学术论文写作让写作者更加细究一些已有的理论、知识、经验和未解的问题，采用科学严谨的学术态度对研究对象进行梳理、分析、探讨和揭示，让时代的文化、氛围和学术的前沿状态在论文中留下烙印。另外，通过论文的选题、组织结构的经营、文献的甄别和梳理、问题的分析和讨论，在论据的引领下得出个人的意见和判断，这本身就体现出学术研究的状态。艺术学术论文依靠艺术学科专业的背景来建立相对独特的研究视野，在学术的沉潜和艺术创作的感悟中，含道映物，澄怀味象。

从某种程度上看，艺术学术论文的写作实际上是一种从艺术学科基础知识的单纯学习向学术研究的转变，是一个艺术学子步入学者型艺术家行列的前奏。

同时，学术论文的写作也是一种科学的求实精神和做人德行的修炼。合格的学术论文要具备专业性、理论性、科学性（方法、内涵以及表述的科学规范），需要实事求是、言之有物、言之有据，有一分材料说一分话，尊重他人，在撰写学术论文过程中，写作者要真正敬畏学术，懂得在各种规范、规矩中做学问，在限制中求自由、求发展，培树踏踏实实、亲力亲为的优良品行。

五、奠定坚实基础，助力今后发展

学术论文的撰写还与写作者今后的艺术发展和工作需求产生诸多关联。单从艺术家的职业层面看，其日后工作就离不开撰写艺术简历、艺术心得、艺术评价或写教案、文案、讲稿，甚至也许有朝一日会去编教材、著书立说，那么今天的学术论文写作无疑就为其未来的发展奠定了一定的基础。

从现实情况看，大多数学生日后即使自己不做专职的学术研究，也离不开依靠别人的研究成果进行工作，如果自己曾经开展了一回真正的学术研究尝试，那么对别人的研究成果会有更好的判断和理解。更何况，作为一个社会中人，能写会说，也是社会活动和交流的需要。艺术家的艺术成就和个人魅力离不开他们的文化修养。从古到今，许多艺术家正是掌握了写作工具，有效地表达和传播了自己的思想和观点，他们的艺术生命才在更为广阔的文化层面上熠熠生辉。可以认为，学术论文的写作培养了一个艺术职业人的基本工作能力和潜在的发展能力。

总之，撰写艺术学术论文既有利于一个人的艺术领域的发展，也有利于文化修养、艺术创作能力的提升，更有利于人才培养。艺术专业学子需要学习撰写艺术学术论文，也应该写好艺术学术论文。

第三节　论文写作的基本要求

凡事预则立，不预则废，撰写论文更是如此。在真正开展论文写作之前，我们需要做好充分准备，以满足论文写作的基本要求。

一、端正学习态度

论文写作的首要要求，不是搜集资料，也不是确定题目，而是要求写作者端正自身学习态度。如果一个人不能用正确的态度对待论文写作，嘻嘻哈哈、东拼西凑，那么其写出的文字也绝对不能被称为"论文"。因此，"端正学习态度"是论文写作的首要要求，具体来说，可以分为两部分，其一是治学要严谨、踏实，不可出现学术不端行为；其二是学习要积极、主动，克服消极畏难情绪。

（一）踏实治学，严防学术不端

我国有一条古训：太上有立德，其次有立功，其次有立言。它讲的是一个人立身处世的原则，就是一生都要把做一个有德之人放在首位，而且，要把崇尚道德贯穿到做事情（立功）、做学问（立言）之中。这条古训可以说是金科玉律，而且有重要的现实意义。

在开展论文写作时，每一名写作者都要秉持踏实治学的精神，切记搞学术研究要恪守学术道德，深刻认识到在撰写论文过程中，自己不仅是一名写作者，更是一名研究者。

学术研究的目的就是为解决存在于各个学科领域中的疑难问题，包括理论的或实际的问题，从而推动学术的进步。为此，每个研究者都应该不畏艰难，潜心研究，写出有创见的论文，做出自己的一份贡献。这于社会、于自己都有益处。对社会来说，是为学术大厦的建设添加了一砖一瓦；对自己来说，是个人价值的实现和确证。

如果说论文写作过程中，有人不够勤勉、随意懒散，有人不够重视、敷衍了事，这些都属于不够踏实的态度问题，那么在论文中出现抄袭、剽窃、作伪等现象，则是彻彻底底的不道德行为，属于学术不端。

有的学生可能对此不以为意，认为"天下文章一大抄"，不过是东拼西凑，从别人文章中"借用"了一些内容，不是什么严重的事。然而事实上，学术不端将带来严重的负面影响，于社会而言，这种行为严重地败坏了学界风气；于个人而言，论文出现抄袭、剽窃、作伪问题，其无异于窃贼、骗子，一旦被揭发出来，必将承担严重后果，甚至身败名裂。因而，所有人都必须提高警惕，从根本上杜绝弄虚作假之风。

踏实治学、严防学术不端突出地表现在两个方面：第一，我们对学问要怀敬畏之心；第二，我们在做学问时要有诚实之德。只有对学问怀有敬畏之心，我们才会把学问本身作为目的来研究，踏踏实实投入论文写作之中，而不是把学问仅仅当作工具和手段，对论文糊弄、敷衍，这样才能真正做到"为学问而学问"，写出优秀的学术论文。同样，只有以诚实的品格来做学问，我们在撰写论文时才能保持学术的良心，尊重事实，立足自己的调查研究、分析论证完成整篇文章，杜绝为了方便、省事，编造数据、资料，甚至挪用他人成果。

（二）积极学习，消除畏难情绪

很多艺术专业学生一听到要撰写论文，还未动笔，就已想当个"逃兵"。这一方面是源于自身缺乏艺术专业论文写作经验，对撰写论文十分陌生，不知如何下手；另一方面则是源于对论文存在的固有印象，认为论文本身是枯燥乏味的，而撰写论文则是艰辛不易的。

因此，在开始论文写作之前，我们必须要摒弃这些消极的思想情绪，因为它们除了增添抱怨、制造阻碍之外，起不到任何有益作用。须知，世上无难事，只要肯登攀。当我们转变思想，充分发挥自身主观能动性，积极学习论文写作，就能发现其实论文并非乏味无趣，其承载着前沿理论、先进思想，也会发现论文写作并非"难如登天"，其中自有一番技巧。

当然，有时即便是积累了丰富的论文撰写经验，掌握了一定的论文撰写技巧，且具有很高艺术素养、写作思如泉涌的人，他们在撰写论文过程中也并非一帆风顺，也经常会因为材料不足或百思不得其解而成为涸辙之鲋，但我们绝不能因此望而却步，陷入胆怯与忧虑之中。我们要深刻认识到，研究解决的问题越是重大，论证理解越是真切，那么从结论中得到的欣喜必将越是强烈和美妙。因为论文注重的是客观、准确、系统、规范，深入浅出地陈述研究过程，合乎逻辑地得出结论，并将其作为一种方法，让读者更加了解和亲近艺术。因而，我们要树立这样的信念，即不论在论文写作中遭遇怎样的难题，都要毫无畏惧、坚持不懈地予以攻克。

其实，如今进行论文写作已比过去便捷、轻松许多。我们有极其发达、极其便利的互联网，只要敲敲键盘，就能查询到丰富的资料；我们也有着多样的文字处理手段，无须在稿纸上"爬格子"，利用文字处理软件，就能在文档中得出格式整齐、版面整洁的论文。面对时下如此便利的条件，我们更应对论文写作抱以积极态度，让撰写论文的过程充满舒畅与欢乐。试想，伴随着欢快清脆的键盘敲击声，电脑屏幕上就会诞生一行行可被发表的文字，难道不是一件十分美妙的事吗？

二、掌握论文写作的方法

工欲善其事，必先利其器。论文写作的另一基本要求就是掌握相关写作方法。如果我们根本不知道采用何种方法进行论文写作，那么就像面对一扇紧紧闭锁的门一样，只能一筹莫展，无法踏足其中。本书认为，想要快速实现论文入门，掌握论文写作方法，应当从以下两方面切入。

（一）了解学术论文写作相关知识

了解论文写作的相关知识，就是要了解其写作步骤、技巧以及应遵循的一些规律。不了解这些，写论文时便会茫然不知所措；如果贸然落笔，难免会走许多弯路，必将导致事倍功半的结果。

本书的目的就在于明确论文写作的基本规律和基本知识。这些规律和知识，是从许多学者的经验之谈中提炼、萃取出来的，是可教可学的。

孟子曾说：梓匠轮舆，能与人规矩，不能使人巧。其大意为，制造一辆车，是需要懂得一些专门的知识，掌握一些特殊的技术的。比如，拼接车厢的几块木板长短宽窄为何？用什么技术才能把一些木板无缝地拼接成车厢？怎样才能把直挺的木头弯曲成圆形的车轮呢？要知道和做到这一切，就需要专门的知识和特殊的技能，即孟子所说的"规矩"。制车师傅的职责就是把这些规矩传授给徒弟，徒弟只要学到了这些规矩，就一定能造出一辆合格的车来。而不懂这些规矩的外行人，是肯定造不成车的。不过，师傅只能保证教会徒弟造出一辆车来，至于车造得好不好、巧不巧，那就不取决于师傅，而取决于徒弟本人的心智、才能和创造性了。

学习论文的写作与学习制作车辆在方法论上有相通之处，因此我们也应当先了解、掌握撰写论文的具体知识，才能真正"上手"，撰写一篇论文。清代文史大家章学诚认同孟子的观点，他说："学文之事，可授受者，规矩方圆；其不可授受者，心营意造。"[①] 梁启超对此也有相同的看法，他认为，懂得写论文的规矩，对于做成乃至做好一篇论文至关重要。因此，对于未曾涉足此道的学子来说，学一点撰写论文的"规矩"是很有必要的，它就像一把"钥匙"，能够帮助我们开启论文写作之门。

（二）涉猎丰富优秀学术论文

三人行，必有我师焉。我们要多看写得好的学术论文，从范文中用心体会论文写作的方法和规律。前文所说的"规矩"，无论是制造车辆的规矩，还是写作论文的规矩，都是从各自的实践中抽象出来的一些干巴巴的知识和规律。了解这些是必要的，但还不够，我们还需要结合范文来体会这些规律。

金代诗人元好问的《论诗绝句》中有这样的话：鸳鸯绣成从教看，莫把金针度与人。它讲的是绣花姑娘绣成了一对栩栩如生的戏水鸳鸯，任你欣赏，引你赞叹，但是，不要把"金针"即刺绣的技术、方法、诀窍传给别人。其实，元好问

---

① （清）章学诚著；叶瑛校注. 文史通义校注[M]. 北京：中华书局，1985：288.

的诗句中也许有着另一层用意，即刺绣的技术、方法、诀窍暗含和隐藏在绣成的鸳鸯里，人们只要细心观察、用心琢磨、潜心揣摩，就能够掌握它，而由此感悟到的心得要比他人传授的干巴巴的规矩更加让人感觉真切、印象深刻。元好问鼓励人们从艺术作品中学习、领悟艺术创作的规律和方法是颇有深意的。晋代文豪陆机正是用这个方法来体味艺术创作的规律的。陆机在欣赏才士的作品时，总要琢磨并领悟他们的"用心"，即作品中匠心独运的妙处，进而提炼出艺术创作的规律。宋代文豪欧阳修认为，学写文章的秘诀就是要做到三多，即"看多、做多、商量多"。看多，就是多看文章，特别是范文；做多，就是多多动手写作；商量多，就是写了文章要多多地请人批评、指点。

上述两条门径、两个办法，各有用处，相辅相成。我们在撰写论文之前把这两者结合起来，就可以收到最好的效果。

三、勤于沟通，师生教学相长

有些学生在写论文的时候喜欢"闭门造车"，这导致自己不仅在遇到问题时不知该如何解决，更可能在把握观点、论点甚至论文方向上出现问题，且难以凭借自己的力量发现或纠正。实际上，对于学生而言，在撰写论文，特别是撰写学术论文时，应与导师勤交流、勤沟通。

"师者，传道授业解惑也。"在最初进行论文选题时，我们就可以多多询求导师的意见。特别是当我们实在找不到一个合适的选题时，可以跟导师商量，这样也许能够得到一个合适的选题。通常情况下，每个导师手里都会有一些选题，有些选题甚至已经有了很好的研究基础。这时，我们只需要再阅读文献、扩充资料，按照导师建议的写作方法，梳理自己的思路和想法，很快就能完成一篇质量不错的论文。而在论文写作过程中遇到挫折、困难时，也可以向导师寻求帮助，在其指引下找准方向，尽快渡过难关，实现自我提升。

部分学生不敢与导师交流，认为导师高高在上，且工作忙碌，不会有时间倾听自己的问题。实则不然，尽管导师们大多十分忙碌，但只要积极与其沟通联系，导师也会乐于提供指导与帮助。此外，在学术领域，学生与导师都具有研究者的身份，研究者之间的彼此交流对双方来说都能起到促进作用，这对问题的解决，甚至对研究的推进是大有裨益的。

第四节 论文评价体系

论文是提供给他人评审的文章。论文陈述的内容，解答的问题是否合理、妥当、有效，往往需要通过读者、专家的直接或间接评审。

了解论文评价体系是非常重要的，否则我们将无法判断自己撰写出的论文质量好坏、有无价值。在此，本书从两方面对论文评价体系进行阐述，一方面介绍普通学术论文评价体系，另一方面将学位论文单独列出，介绍其评价体系。

一、普通学术论文评价体系

如何评价论文的水平和优劣呢？由于学科体系、专业特点不同，不同作者写出来的论文往往有很大的差别，但是我们也不能因为学科和专业不同而任由其说，各为其是，更不能用模棱两可的感觉好坏取代优劣的评判，否则就会纵容学术不端，造成学术交流的尴尬。

论文一旦发表，就要面临读者的评议。从读者角度，需要从论文中获得必要的知识，所以任何人写论文都应该考虑周全，即在不违背学术规范的前提下，采用让大家比较容易接受的表述方式。因此，论文的结构要坚实而丰满，就像写书法，要求丰筋多力；概念要清清楚楚，明白而有条理；中心论点要毫不含糊、明确坚定；依据的材料要翔实，炳炳凿凿；研究方法要如玉尺量才，恰当、不变；论述要名我固当，合乎逻辑。这些评判标准的普遍性和共通性，是那些所谓个人风格、学科差异等不能替代的。

因而，定性评价学术论文是最主观、最直观的评价方法。当我们阅读一篇学术论文后，会自然而然产生对其的定性评价。定性评价的指向当然可以是五花八门的，但一般都是基于意识形态向度、学术价值向度和写作质量向度等评价向度来进行的。

（一）意识形态向度

意识形态向度是对学术论文的政治导向、社会伦理要求等方面的考量。自然科学领域的学术论文较少涉及这一评价向度，但对于人文社科领域的学术论文来讲，意识形态向度是评价学术论文的首要标准。对学术论文进行意识形态向度的评价，不是简单地"上纲上线"，而是为了保证学术论文的内容不违背党的思想、方针、政策，不违背国家的法律法规和相关规定，不违背主管部门的相关要求，不违背社会道德、公序良俗，总的目标是促进社会科学的繁荣与发展。按照意识形态标准评价学术论文，最难把握的是意识形态原则与学术自由的界限。我们倡导学术自由，但也要警惕以"学术自由"为幌子，对党和国家的意识形态建设产生消极影响的学术论文。我们坚持政治标准，但也不片面扩大政治标准，限制学术研究的争鸣与探索。由于意识形态向度的重要性，在学术论文的意识形态要求上，一般采用一票否决制，如果论文在意识形态向度上有问题，会直接取消其参评资格。

（二）学术价值向度

关于论文的价值评价划分有各种说法，如将论文价值分为学术价值和社会价值，再将学术价值下分为科学进步价值和学科建设价值，社会价值下分为社会反响和社会效益。评价要考虑可操作性，且不论指标划分是否合理，如果无法具体实施，就会让这种讨论的意义化作乌有。学术价值向度按照表现状态不同可以下分为学术水平评价和学术影响评价。学术水平是论文与生俱来的，刊发以后就已经固有的；学术影响是指论文刊发后，对学界、业界甚至国家、社会、世界所产生的延宕性影响，这种影响是与时俱进的。经济价值和社会价值都是由论文学术水平引发的，都应该从属于论文的学术影响。论文的学术价值评价相较于意识形态评价，更难以把握和考量，也是论文评价的难点所在。也正是因为如此，学术评价领域一直以来都对论文学术价值给予最高重视，采用了多种办法期望实现精准化、简便化。精准和简便是矛盾的，工作实践上很难兼顾。目前，我们只能在依托定量指标评价的基础上来定性考量论文的学术价值。

1. 学术水平评价

学术水平是学术论文的核心价值表达，是直接体现论文撰写、刊发的意义所系。从论文学术水平评价的历史流变来追溯，最早的评价方式是单纯的专家评议，直到图书情报界将引文分析法广泛应用于评价学术刊物后，对论文学术水平的评价的绝大部分转嫁给学术期刊评价系统，"以刊评文"得以大行其道。

论文学术水平来自整体学术研究价值，具体的评价指向为论文的创新性、科学性、重要性、实用性（可借鉴性）。

①创新性，是指论文是否提出了新思路、新方法、新发现、新认识。

②科学性，是指论文是否符合客观事实标准，论据充分、论证严密、结论客观。

③重要性，是指选题的重要性和结论的重要性。

④实用性（可借鉴性），就自然科学论文来说是指是否对实践有指导意义，就人文社科论文来说是指对同类研究是否有可借鉴性和参考意义。

2. 学术影响评价

论文的学术影响评价包括论文在学科领域中产生的促进作用、对后续学术研究的影响和激活、论文对行业实践的指导价值和意义、论文相关的研究成果应用所获得的经济效益、对社会做出的公益贡献等。很多评价系统和研究者会把学术影响和社会影响分列，实际上论文的学术影响和社会影响是不可分割的，社会影响是从属于学术影响而存在的，是学术影响不可或缺的有机组成部分。论文产生的学术影响包括政治效益、思想文化效益、生态环境效益、经济发展效益、科技进步效益等。由于论文的学术影响必然会有很长时间的滞后性，在实际评价中其评价难度超过学术水平评价。

（三）写作质量向度

写作质量向度是考量论文作者通过文字、图表公式、数字和计量单位、引证来表达学术观点的能力。写作质量可以下分为简明流畅要求、合理必要要求和标准规范要求。

①简明流畅要求是指论文的标题是否精练、内容摘要是否简明、关键词是否准确、行文是否流畅、文字是否精当、文章结构是否合理等。

②合理必要要求是指论文中的图表安排是否合理、公式使用是否必要准确等。

③标准规范要求是指引证是否规范、数字和计量单位使用是否符合标准等。

二、学位论文评价体系

学位论文需要接受多种多样的审查，本科生的论文首先要分别经过论文指导老师和非论文指导老师评阅，评阅成绩全部合乎合格以上的级别要求后，论文方可进入下一个环节——提交答辩小组评阅。研究生的论文评审首先需导师在论文扉页的学位论文版权使用授权书上进行签名，表示导师的认可和导师对论文的责任。其后，论文正式提交盲审或交叉评审，评审者不包括自己的导师，一般由本院和外院的教师2—3人分别评阅，如果其中有1人认为论文写作不合格，论文就不能参加答辩。其后，与本科生一样，论文提交答辩委员会。论文通过答辩程序后，答辩委员会会给出对论文的评价意见。如果论文顺利通过，写作者就可以获得相应的学位和学历证书并顺利毕业。但不久或数年之后，研究生的论文还要接受教育部学位与研究生教育发展中心的抽查，抽查的论文是面向全国专家进行开放评阅。可以说，每次的评审，论文都要经历一次"生死"考验。

尽管论文评审关口重重，评阅专家各异，但是对论文的评审标准也有一致的方面。这个"一致"就来源于论文评审的文件条款。学位论文的文件评审条款从大的方面看，就是国家标准。从具体的角度和层面来看，就是院校和机构制定的"地方"标准。不过，所有院校、机构的"地方"标准都是在国家标准的基础上设立和细化的。尽管院校和机构制定的标准因为评审的学科、层次、对象和性质的不同而有些差异，但在大方向和基本面上与国家标准保持了一致。如果将艺术专业的学位论文的评审条款与评审标准做一个具体拟定的话，本书认为，主要应该体现在以下几方面：

（一）选题

选题的评审标准，重点为如下三方面：
①符合专业培养目标，紧密结合专业实际；
②具有明确的现实性、针对性和一定的新意；
③选题有一定的理论意义和实用价值。

（二）文献综述

文献综述的评审标准，重点为如下四方面：
①阅读与掌握相关的文献资料；
②了解国内外研究动态；
③对前人工作进行概括与评价；
④反映国内外该选题及相关领域的发展与现状。

（三）基础理论与专门知识

在基础理论与专门知识方面，论文应当体现本学科及相关领域比较扎实宽广的理论基础与比较系统深入的专门知识。

（四）研究方法与科研能力

研究方法与科研能力的评审标准，重点为如下三方面：
①研究方法具有科学性、可行性；
②综合运用基础理论、科学方法、专业知识和技术手段发现问题、调查研究和解决问题；
③具有独立从事艺术研究和艺术创作的能力。

（五）研究成果

研究成果的评审标准，重点为如下三方面：
①能够提出新内容、新见解、新贡献；
②工作量饱满、有一定难度；
③论文成果具有一定的理论深度和实践价值，对文化艺术事业的发展、精神文明建设有一定的促进作用。

（六）论文写作

论文写作的评审标准，重点为如下六方面：
①立论明确，概念清晰；
②文理通顺，语言流畅；
③结构合理，层次分明；
④论据翔实，逻辑严密；
⑤文体严谨，标注规范；
⑥外文翻译，正确无误。

（七）论文答辩

论文答辩的评审标准，重点为如下两方面：
①论文报告清楚；
②回答问题正确。

学位论文评审有四级或五级成绩，四级为优、良、合格或不合格，五级为优、良、中、合格或不合格，视各个院校自己的标准而定。其中优秀论文的比例都是非常少的，常常只有几十分之一。答辩前的论文交叉评审，经常会出现一些需进行修改的论文，修改后再提交审核，如果再次不过，可能会不准予参加答辩。论文答辩时第一次未通过的论文，需要进行第二次答辩。目前，对于本科生和研究生一般会安排在短时间内进行"二辩"，"二辩"通过则不影响正常的毕业授位。如果"二辩"仍未通过，后果会比较严重，需要在比较长的时间后才能将修改过的论文重新送审和重新答辩，具体的时间安排视各个院校的具体情况而定。

第二章 学术论文的结构

学术论文由前置部分、主体部分、附录部分组成,其中前置部分的组成部分有标题、作者和单位署名、摘要、关键词等;主体部分包含有绪论、本论、结论、致谢和注释、参考文献等;附录部分是论文主体的补充内容,不是必要项。下面,本章将对学术论文的结构进行详细介绍。

第一节 标 题

"题"字原义是额头,引申为论文的题目、标题、题名,通常是对问题有所判断或陈述的句子,一般分为总标题、副标题、分标题几种。论文题目是体现研究主旨、论文核心主题,以及作为图书馆编制题录、索引和检索的主要依据。

标题是文章的眼睛,一篇论文最吸引读者的就是标题,它是学术论文的必要组成部分,也是作者从着手构思到最后提交一直思考的问题。论文标题样式繁多,艺术专业论文的标题绝不能够做哗众取宠的"标题党",学术论文写作是严肃认真的。通常来说,论文标题要求具体、简明、平实,既要用语准确,又要有研究内容的涵盖性,避免发生歧义。用字一般不宜超过20个汉字,10个外文实词。其表述不必按照主、谓、宾结构描写或陈述,不包含与论文无关内容,但与论文相关内容必须包含在标题里,最好包括论文的主要关键词,并体现与研究对象、问题和方法的相关性。避免使用符号、简称、缩写以及商品名称等作为标题。英文和中文的标题需要一致,但不一定词语一一对应,必要时可以省略或变动个别非实词。

一、总标题

总标题是文章总体内容的体现,具有高度的明确性,运用也是最广泛的,如《苏轼和文人写意画》《李公麟和他的时代》等。

二、副标题和分标题

（一）副标题

标题应当高度概括，而当其不足以说明内容又语意未尽时，为了点明论文的研究对象、研究内容、研究目的，对总标题加以补充、解说，有的论文可以加副标题。特别是一些商榷性的论文，一般都有一个副标题，如在总标题下方，添上"与××商榷"之类的副标题。

副标题也称次标题、小标题，能起到补充和完善主题的作用，如《现代设计的先驱——从威廉·莫里斯到格罗皮乌斯》就是通过副标题对主题做了具体化的说明。一般主标题偏虚，副标题偏实。

另外，为了强调论文所研究的某个侧重面，也可以加副标题。例如，《艺术塑造人文机场——北京大兴国际机场公共艺术实践》《建设具有中国文化内涵的"美育学"学科——关于加强"美育学"学科建设的提案》《论音乐民族志研究中的主位—客位双视角考察分析方法——兼论民族音乐学文化本位模式分析方法的来龙去脉》《画绘与文辞——〈师曾写白石词意〉研究》《虚拟真实·主观真实·质朴真实——论纪录片真实的三个层面》等。

不过也有使用副标题不妥当的情况。如《世界艺术史——以西欧为中心》《彩陶文化研究——以仰韶文化为中心》，前者副标题容易让人产生世界艺术史中心在西欧的欧洲中心论的错觉，后者涉及不确切使用术语。仰韶文化因1921年最先发现于河南渑池仰韶村而得名，彩陶文化容易以器物片面的特征代替整个文化的特征。像这类题名，加副标题不如改题或取消副标题的好。

关于副标题如何恰当使用，避免滥用、误用，我们将在第五章"标题写作技巧"一节中进行详细阐述，此处不再赘言。

（二）分标题

设置分标题的主要目的是清晰地显示文章的层次。有的用文字，一般都把本层次的中心内容昭然其上；也有的用数码，仅标明"一、二、三"等顺序，起承上启下的作用。需要注意的是：无论采用哪种形式，都要紧扣所属层次的内容，以及上文与下文的联系紧密性。

第二节 作者和单位

许多学生不明白论文作者署名的区别，其实，这个问题对于硕士生、博士生以上同学和科研机构人员而言非常重要。

一、第一作者

第一作者一般指的是论文的主要作者或者对这篇论文贡献最大的人，通常就是署名的第一个作者。学位论文一般只有一个作者即这个同学本人，无须讨论作者的排名。期刊论文会有差异，尤其是顶尖期刊论文。对于需要科研成果作为科研水平证明，用来通过博士毕业考核的博士研究生或者用来申请博士学位的硕士研究生同学，论文的顺利发表比作者排序重要。当然，许多国家包括中国在内对于博士毕业的要求都有作为第一作者发表至少一篇论文。对于资深科研人员来说，作为第一作者发表顶级期刊论文是科研能力的标志，也是职业发展、课题申请的重要砝码。许多学术论文不只有一个作者，一般来说贡献度越高，排名越靠前，当多个作者贡献相同时，也可以列为"共同一作""共同二作"。

二、通讯作者

通讯作者指的是论文的指导者、研究课题的总负责人，可能承担论文的选题和设计、论文的把关和修改、与期刊编辑的沟通等任务。从知识产权的角度来说，所发表的论文算是通讯作者的研究成果。可以成为通讯作者的人可能是论文的主要贡献者、法定负责人、提供研究指导或设备经费的主要负责人等。

第一作者和通讯作者不是一一对应的关系，不是用同一指标考量的。第一作者可以是通讯作者，通讯作者不一定是第一作者。一般情况下，第一作者就是通讯作者。如果出现不一致的情况，有必要在文章中注释说明。比如期刊论文《中国绘画中的政治主题——"中国绘画的三种选择历史"之一》的作者是高居翰和杨振国，高居翰为第一作者、杨振国为通讯作者，在这里第一作者和通讯作者并不一致。比如期刊论文《加强艺术设计实验室建设，推动艺术设计人才培养创新》的作者中，孙明是通讯作者、陈艳是第一作者、薛婧婧是第二作者，另外孙明、陈艳、薛婧婧都在同一单位，所以只需要一次注明。

三、作者单位

论文署名中必须包含作者单位。单位署名便于表明作者身份、便于读者和编辑的研讨和联系。投稿时,标注方式一般为居中加括号置于作者姓名下方。此外需要注意以下几点:单一作者的单位署名,写明工作单位全称、地址、邮政编码;多名作者在同一单位的署名,同样写清楚工作单位全称、地址、邮政编码;多名作者在不同单位的署名,按姓名顺序设置上角标,并分行注明各作者的工作单位全称、地址、邮政编码。在学术网站上查找时,单位地址和邮政编码会被省略。

第三节 关键词

关键词是用来代表论文研究的主要问题和内容的单词、词组或术语。

关键词包括主题词(也叫叙词)和自由词两部分。主题词是指收入如《汉语主题词表》等词表中可用于标引文献主题概念的,即经过规范化的词或词组。自由词则是从论文中直接选取的未规范的(即还未收入主题词表中的)词或词组。

关键词的英文名为 keywords,正如其名所示,它是识别论文、导入论文的关键。在提取、确定论文关键词时,我们应当注意以下几点:

第一,关键词可以将论文核心一目了然地呈现给读者,因而必须简练、清晰,应尽量采用语言词汇的最小单位,宜短不宜长。

第二,关键词应该有明确的出处,一般从论文的题名和摘要中选取产生。关键词不仅是论文研究的重点所在,常常也是论文中的"高频词"。关键词的主要作用是文献的标引和提示,便于信息系统汇集,供读者检索。关键词搜索是网络搜索主要方法之一。

第三,一般公共概念不用作关键词,如研究、探讨等词。关键词一定要和论文的核心内容紧密联系,一篇论文的关键词就是一篇论文的学术"名片"。因此,找准关键词,就能表明论文的基本"属性"和"身份"。例如,在本科生论文《"窗"的图式——基于爱德华·霍珀和杜海军油画作品的探讨》中的关键词为:油画、窗、图式。

在论文写作中要尽量把关键词的数量控制在 2—8 个之间,一定不要过多,太多的关键词会让读者产生反感且误会作者抓不住重点。关键词要以显著的字体另起一行排在摘要最下方,要做到一词一义,确保除特殊用语外,能实现与英文对译。

第四节 摘 要

一、摘要的概述

摘要又称概要、内容提要,即摘录论文要旨,为读者提供内容梗概。它是对论文内容不加注释和评论的简短陈述,具有独立性和自含性,一般包括如下内容:简要描述论文研究的主要问题和范围、研究的目的和重要性、研究运用的方法和研究的过程、概括获得的基本结论或结果、突出论文的新见解和具有的价值。

摘要应是一篇相对完整的和言简意赅的论文介绍。就摘要字数而言,学士、硕士、博士论文稍有不同,本科生的论文一般在7000字以上,其论文摘要的字数一般在500字以内,因此要求言简意赅,将要点交代清楚即可;硕士、博士论文摘要一般在1000字左右。期刊论文发表在期刊上,考虑到版面等问题,摘要应更加精简。

二、摘要的作用

摘要的作用主要是简介。网络信息浩如烟海,读者检索到论文题名后是否会阅读全文,评委和编辑是否会过审或录用,主要就是通过阅读摘要来判断的,所以,摘要担负着吸引读者和将文章的主要内容介绍给读者的任务。摘要一旦不能够表述文章内涵或不合要求,就会导致不过审或者失去发表的机会。另外的作用是为科技情报文献检索数据库的建设和维护提供方便,摘要的质量影响着论文的被检索率和被引频次。

三、摘要的分类

(一)报道性摘要

报道性摘要指明了一次文献的主题范围及内容梗概,是一种简明摘要,相当于简介。比如反映论文的目的、方法及主要结果与结论,在有限的字数内向读者提供尽可能多的定性或定量的信息,充分反映该研究的创新之处。又如学术性期刊(或论文集)多选用报道性摘要,以"摘录要点"的形式报道出作者的主要研究成果和比较完整的定量及定性的信息。这类摘要以200字左右为宜。譬如《非物质文化遗产与大学教育和民族文化资源整合》的摘要:"本文围绕联合国教科文组织《人类口传和非物质文化遗产代表作名录》的产生，引申出全球经济一体化背景下中国本土一系列急迫而又现实的社会问题。如：作为非物质遗产的民间活态文化传承、民族文化资源整合与多元文化发展、高等教育在文化遗产中的角色和作用以及信息型社会参与等。作者对以上问题提出了明确的文化理念和学科发展设想。"①

（二）指示性摘要

指示性摘要即只用一两句话，对研究对象和结果作简略的介绍，其目的是使读者对该研究的主要内容有一个轮廓性的了解。创新内容较少的论文，其摘要可写成指示性摘要，一般适用于学术性期刊的简报、问题讨论等栏目以及技术性期刊等，只概括地介绍论文的论题，篇幅100字左右。譬如《布莱希特"陌生化"理论的再认识》的摘要："'陌生化'是布莱希特戏剧理论中的核心概念。它与俄国形式主义的陌生化概念和马克思主义唯物史观的异化概念有直接渊源。本文对陌生化概念的复杂内涵进行探讨。特别是对作为艺术形式表现手法的陌生化概念进行分析。在此基础上探讨了中国当代话剧舞台借鉴布莱希特理论出现的一些问题。"②

（三）综合性的报道—指示性摘要

综合性的报道—指示性摘要是以报道性摘要的形式表述论文中价值最高的那部分内容，其余部分则以指示性摘要形式表达。这类摘要篇幅以100—200字为宜。譬如《设计的主动性——服务设计个案研究》的摘要："设计服务正在遭受前所未有的质疑和批判，但是商业主义的逻辑却又不得不让设计师面对这种不安的真实，'设计师就像服务生'。如今，服务设计的立场和策略重新在设计创新和服务开发之间建立了新的逻辑。而且，对于设计如何实现社会效益，在更加广义的问题语境中产生关键性作用，服务设计提供了完整的可能性。本文选取三个个案讨论设计、服务和创新的主动性三者之间的关系，并对服务设计进行思考和理解。"③

---

① 乔晓光.非物质文化遗产与大学教育和民族文化资源整合[J].美术研究，2003（01）：62-68.
② 赵志勇.布莱希特"陌生化"理论的再认识[J].戏剧（中央戏剧学院学报），2005（03）：29-43.
③ 海军.设计的主动性——服务设计个案研究[J].装饰，2010（06）：28-32.

第五节　目　录

一、目录的概述

一般说来，篇幅较长的学术论文，都需要设置分标题。设置分标题的论文，因其内容的层次较多，整个理论体系较庞大、复杂，故通常设目录。目录有两种基本类型：篇幅短小的论文，用文字表示的目录；篇幅较长的论文，用数码表示的目录。学位论文常用数码表示的目录。

目录一般放置在论文正文的前面，作用在于使读者能够在阅读该论文之前对全文的内容、结构有一个大致的了解，以便读者决定是读还是不读，是精读还是略读。另外，目录还可以为读者选读论文中的某个分论点提供方便。长篇论文，除中心论点外，还有许多分论点。当读者需要进一步了解某个分论点时，就可以依靠目录而节省时间。

例如，硕士学位论文《消费文化视域中的法国新艺术运动海报设计》的目录（图 2-5-1），清晰简约，对新艺术运动时期法国的海报设计进行了多方面的探讨，层次分明、内容全面，是概述型论文可以参考的范例。

```
第一章  绪言
  1.1 研究背景
  1.2 研究目的与意义
  1.3 国内外研究综述
  1.4 基本内容和研究方法
  1.5 重点、难点与创新点
第二章  新艺术运动时期法国社会生活对海报设计的影响
  2.1 新艺术运动时期的法国社会生活与海报
  2.2 日用品消费和娱乐闲暇消费对海报的影响
第三章  法国新艺术运动的海报设计
  3.1 法国新艺术运动海报的题材及分类
  3.2 法国新艺术运动海报的主要特征
第四章  法国新艺术运动海报的意义与影响
  4.1 法国新艺术运动海报设计的历史成就与影响
  4.2 法国新艺术运动海报对当代设计的借鉴意义
```

图 2-5-1 《消费文化视域中的法国新艺术运动海报设计》目录

二、目录的格式

目录页内容包括章节序号、标题名称、页码。其各级标题虽相对丰富，却也要注意避免过于繁杂，通常设到二三级即可。

目录页的各级标题序号有多种标法。如前所述，以目前国内学位论文为例，多见在"章"以下使用"1""1.1"序号，如图2-5-2所示。

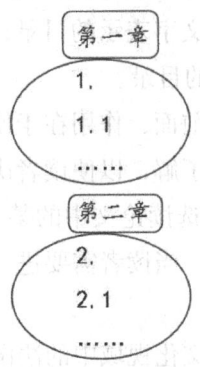

图2-5-2 目录的格式示例

这种将"1.""2."用在"章"下的做法，虽然层级清晰，但稍微有些突兀和不协调。用阿拉伯数字"1、2、3……"与"."结合的标法，属于西式规范，目前多用于国内科技类自然科学论文中。其系统的序号标法应是"1"，其余各级序号具体如图2-5-3所示。

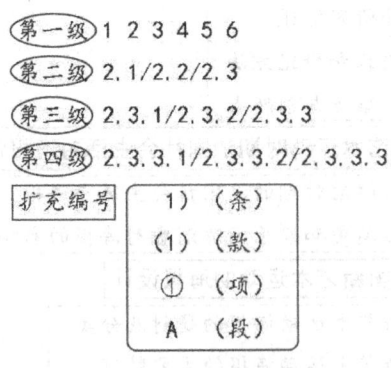

图2-5-3 目录各级序号示例1

在引用时写成3条、5款、7项、D段。列项说明时，可用阿拉伯数字序号1)、(1)等，也可用其他符号，如□●◆◇◎△等。

但是在哲学社会科学领域，如艺术学的论文中，我们也主张采用在章节以下，用汉字数字标出序号，如图 2-5-4 所示。

第一级　一、二、三
第二级　（一）（二）（三）
第三级　1. 2. 3.　注意"1."不能标为"1、"
第四级　(1)(2)(3)
第五级　① ② ③
第六级　A. B. C.

图 2-5-4　目录各级序号示例 2

论文页码一般都用阿拉伯数字连续，目录页单独编页码。页码必须标注在每页相同位置，以便于识别。

第六节　绪　论

一、绪论的概述

绪论是学位论文的开篇部分，又可叫导论。在规范的学位论文中，此部分是不可缺失的。从字面意思看，绪论包容面较大，且有"论述"之意。绪论一般作为研究生学位论文的开篇，有利于铺陈内容、展开讨论。在研究生的论文中，也有用"引言""导论"替代"绪论"二字的情况，但其写作格局与内容和绪论无异。

绪论的主要作用是提示论文研究的主要问题和内容，点明研究的背景和现状，以及写作的目的和意义。不仅需要引发读者的阅读兴趣，为论文的研究做好铺垫，引导读者阅读和理解全文，还需要与论文的内容里应外合、前呼后应。以美术研究生为例，其学位论文字数一般为 25000 字，绪论字数在 4000 字左右，大约是论文字数的 1/6。

比如期刊论文《浅谈数码插画的美学特征与实现方式》的绪论："插画是一种传承历史长达上千年的绘画艺术。传统插画主要是在书籍中作为文字的注释或图例与表格，从而帮助读者理解文字内容。之后，插画逐渐形成独立的艺术类型，如我国民间艺术中的年画就是典型代表之一。插画对于推动民间美术的发展作用显著，对于民间传统文化的继承和发展也发挥了一定的作用。随着计算机技术和网络技术的发展，传统插画开始转向数码插画（或称电脑插画）。尤其是在推出了二维、三维的图形图像设计软件（如 Photoshop、Illustrator、Painter、3ds Max 等）之后，数码插画发展迅速。插画由传统手绘逐渐转向软件创作，虽然失去了纸质插画的质感，但创意水平和创作水平都得到了显著提升。同传统插画相比，数码插画拥有较为独特的美学特征，电脑软件赋予了数码插画较为独特的实现方式。"[1]这个绪论集合了多项内容，包括概念介绍和研究的背景、角度、目的等内容，从研究背景铺陈，简洁明快地引出了本论。

二、绪论的具体内容

在此，本书简要列举一些绪论的框架格式（图2-6-1至图2-6-4）。

绪论
一、课题的缘起
二、研究的现状
三、概念的厘清
四、课题研究的思路
五、研究的意义

图 2-6-1　绪论的框架格式 1

绪论
一、研究现状
二、研究目标与价值
三、研究视角与方法
四、论文的基本结构
五、论文的主要创新之处

图 2-6-2　绪论的框架格式 2

导论
1. 选题缘起
2. 研究目的与意义
3. 研究方法
4. 研究现状及问题

图 2-6-3　绪论的框架格式 3

绪论
第一节　选题的缘起
第二节　本课题现有的研究成果
第三节　前辈学人研究之不足
第四节　本论文所解决的主要问题和采用方法

图 2-6-4　绪论的框架格式 4

以上绪论格式均来自一些名校的硕博论文。从中可见，绪论写法多有相同之处。究竟如何安排绪论的结构，除了要视本院校相关要求来确定外，还要根据论文的具体情况来考虑。在绪论包含的层次和内容上，也有一些区别，主要体现在文字语言的描述和写作的侧重点上。不过它们也有明显的共性。

通常，论文的绪论应包含以下几方面的基本内容：研究的对象或探讨的问题、研究的范围、写作意图和缘由、主要的研究方法和措施、论文的主要内容、论文研究的创新点、论文的研究目的或结论。

---

[1]　王炜丽. 浅谈数码插画的美学特征与实现方式[J]. 美术教育研究，2019（21）：60-61.

下面，我们就绪论中一些重要内容的写作做进一步的说明：

（一）选题缘由

选题缘由包括对选题背景、研究对象和研究意义的简要陈述。需要点明题意，讲清研究的问题"是什么"，回答选择这个题目的原因和理由，划定论题的研究范围，明确论文研究的意义和价值。在这一板块，有时还涉及对论文题目中的关键词进行概念解释，免除歧义，以正视听。

以论文《缅甸传媒业发展现状研究》为例，这篇论文的选题缘由是从几个问题出发进行梳理的："现如今缅甸传媒业的发展状况如何？""为什么要研究缅甸的传媒业？""媒体对中缅关系的发展有什么影响？""研究传媒业的意义是什么？"回答了这几个问题，本篇论文的研究目的和意义也就讲清楚了。

（二）研究现状

研究现状即文献综述，包括文献历史和现状的调查、理论与观点、相关的争议和问题。我们需要对研究领域的文献情况进行梳理，列举重要的论著和已有的学术成果，同时需要对其进行归纳和评述。

我们要牢记，"述"的同时一定要有"评"，不仅需要指出已有研究的贡献，还需要指出其不足，从而判断论文研究的空间和价值。通过研究综述的梳理可以确定自己研究的逻辑起点和在别人研究的基础上自己将要做的探讨，引出自己研究课题的动机与意义。

（三）研究新意

在研究新意的陈述里，我们需要清楚论文可能的创新与贡献，知道自己的研究与别人的研究真正的不同之处。

研究新意主要体现在以下三方面：一是研究的对象是别人没有研究过的，是新的研究切入点；二是研究的方法、路径或结论与别人不太一样，有新的和比较独特的东西；三是在研究资料上有新的发现，由此加深或推进了已有的研究。

研究新意又可叫创新点。但是这个创新一定不是"从石头缝里蹦出来的"，也不是无本之木、无源之水。任何创新都只能是"N+1"的创新，"N"即别人无数的研究工作和研究成果，"1"不能孤立存在，必须是建立在别人研究基础上的自己迈出的一小步。

(四)研究方法

研究方法是指论文研究具体采用了什么样的方法和手段，主要是表明论文研究过程和研究结果的严谨性、真实性和可靠性。

研究方法一般包括文献分析法、对比研究法、调查问卷法等。研究方法和研究内容有时可以写在一起。如果在写作时，我们觉得没有必要把研究方法当成一个重点来进行阐述，就可以在研究内容中几笔带过。但是，如果我们的研究方法非常独特，如采用了民族志的研究方法、普查实验法等，或者开展了卓有成效的实验或访谈等，则可用大篇幅阐明自己使用这种研究方法的原因和过程。

(五)研究内容

研究内容包括论文基本内容和框架的简要介绍、论文的思路以及其他需要说明的关于论文的问题等，以便读者更好地把握全文，并激起阅读的兴趣。研究思路和研究框架通常也是放在一起陈述的。搭建研究框架并不意味着要把所有的内容都写完整，只需明白每个部分大概要写哪些内容即可。明晰研究思路和研究框架，有利于我们在论文写作后期明确思路，提高写作效率。

三、绪论的注意事项

如何合理安排以上这些内容，将它们有条不紊地组织在绪论中，并非易事。经验告诉我们，绪论也许是论文最难写的一部分。因为绪论直接反映了写作者对有关学科领域的熟悉程度、知识与经验积累的深浅程度、学术眼光的高下程度，在绪论的字里行间还能够读出论文研究的意义、价值及论文写作的质量等问题。对于绪论的写作千万不可大意。

要写好绪论，第一要务是做好文献搜索、收集和研究的工作。有了扎实的文献研究基础，知晓了前人已经做了些什么，才会识别出和把握住论文的创新点，清楚自己的写作目标和价值，也才会采用最有效的研究方法，并为论文写作准备好充分的论据材料。从本质上说，绪论是论文写作的基石。

绪论写作常常出现的问题有如下几种：

①重要的组成要素缺失，特别是文献综述和研究方法缺失。
②选题的背景和动机过于广泛，甚至偏题。
③文献综述没有抓住重要的文献，或只是罗列文献，没有综合，也不"评述"。
④与正文内容重复过多。

⑤研究的目的、意义和方法与研究的问题脱节。
⑥可能的创新和贡献言过其实或文不对题。
⑦绪论的结构过于简单，或内容过于庞大。

第七节 本 论

正文又叫本论，是论文的主体部分。正文的篇幅一般应该占到整篇论文的 2/3 以上。它是分析问题、论证观点的主要部分，是论文中篇幅最长的部分，也是最能显示作者的研究成果和学术水平的重要部分。一篇论文的优劣，主要取决于本论部分质量的高低。如果本论部分写得很单薄，论证不够充分，勉强引出的结论不仅难以站住脚，也缺乏科学价值。

一、本论的作用

本论的作用在于提供论证推理，即对绪论提出的问题，结合论据进行分析、论证，得出令人信服的论点；提供创新信息，可以从新材料、新角度、新观点、新理论（论点创新）、新方法（论证创新）寻找创新点，所有的创新信息都要在正文部分阐明。本论的写作是考验同学们驾驭语言文字能力的演武场，更是展示逻辑思维能力的试金石。

二、本论写作的基本要求

（一）论点明确简要、紧扣论题

论题是论文要研究的主题，论点是作者在论文中所要证明的观点。论点包含整个论文的总论点和每个章节、每个段落的分论点。首先，论点要明确清晰，绝不可模棱两可、含糊不清。其次，论点必须简明扼要、紧扣论题，犹如射击中的定点直击，切不可灵光一现胡乱扫射。另外，要精简语句，在描述论点时绝不可使用大篇幅拖泥带水。论点不明确，导致读者无法理解；不紧扣论题，将导致偏题跑题；不言简意赅，将冗长无味。

（二）论证合理充分、逻辑严密

本论部分最主要的任务是组织论证，以理服人。论证指引用论据证明命题真实性的过程，首先要找到问题的症结及产生这些症结的内在因素和外在因素，然后靠周密的分析和充分确凿的论据，注意引用材料与论点的统一，阐明一个抽象深刻的道理。在论证方法上可以使用道理论证、事实论证、对比论证等，在逻辑推理中可采用因果、递进、并列等关系，绝对不能天马行空、不讲章法。

（三）论据客观可靠、实事求是

论据是用来证明论点的理由、根据。论据可以是一般性原理，也可以是事实性材料。理论论据必须真实可靠、是被验证的正确理论，否则会导致错误结论。一般性原理要阐述详细，特殊原理要说明来源、提出者等相关信息，绝不可自编自造原理。事实依据要真实可信，如有必要应进行查证，一定要尊重客观事实，切忌编造实验数据。

三、正文的类型

正文的类型按照结构布局大致可以分为专题研究型、调研报告型、问题解决型、案例型、技术方案型、体系应用型、规划型、政策分析型。按照艺术专业的学科特性，正文的类型可以按内容分为艺术史论类、艺术批评类、艺术创作类、艺术欣赏类、艺术教育类等。在写作过程中一定要根据不同选题方向进行逻辑结构和论证侧重点的安排。

大体来说，艺术类论文的写作需要根据不同内容选取侧重点：

（一）艺术史论类论文

艺术史论类论文往往是思辨性强的史料和理论分析或用理论来解释艺术现象。其中一类常需借鉴和参考多学科理论知识，如哲学、美学、统计学等诸多社会科学理论，选题方向多为艺术起源、艺术情感、艺术传播、意境与风格、形式与内容、传统与创新等；还有对于各种艺术潮流、艺术观念、艺术现象的兴起、流变、现状的解析，加入了历史、文化、经济、政治等方面的依据，重点结合艺术理论、传播学、心理学进行多角度的分析。

（二）艺术批评类论文

艺术批评类论文除了也要紧密结合艺术、美学、哲学等学科理论外，还要考虑时效性和接受性。因此要求作者不仅要有扎实的知识基础，还要具备敏锐的艺术洞察力和价值观，用相对客观的评价引领受众风评。这种论文的选题方向有艺术批评的原理和方法、艺术思潮与现象、艺术作品等。

(三）艺术创作类论文

艺术创作类的论文数量不多，它是作者在艺术创作过程中对创作技巧做过细致的理论和实践考察后，对艺术家在创作体会、技巧描述、创新探索等方面的理论分析和总结。这类论文通常是艺术家对自己创作的内省式分析，因此要尽量描摹详细、真实评价、客观定位，同时要注意加强行文的逻辑性，比如陈丹青的《我的七张画》。这类论文不容易把握，需要长时间的创作积累，甚至需要在艺术创作领域取得一定成就，同学们应尽量避开这个选题方向。

（四）艺术欣赏类论文

艺术欣赏类的论文注重探讨艺术作品带给受众的审美体验，以美学、心理学、哲学作为理论支撑，加上艺术作品的特质进行剖析。因此此类论文的赏析对象就显得格外重要，必须审慎地选择具备深刻含义的、有代表性的作品。同时也要用大量的作品资料作为论证依据，并且要在构筑文章结构上加强逻辑性。

（五）艺术教育类论文

艺术教育类的论文具有普世教化意义，研究与实践联系紧密，融合了艺术、教育、心理学、传播学等方面理论知识，艺术和教育的交叉领域范围模糊，必须把握好论文的重点。这类论文因为加入了教育概念而吸引了大量关注，所以论文数量大。因此在论文写作中一定要紧紧扣住艺术这个大前提，从艺术角度寻找突破口和创新点，不要被"教育"带偏。

从一般论文的本论逻辑结构上看，以下几种比较适合艺术类论文。第一种是并列式结构，也叫并列分说，就是把从属于基本论点的几个论点依次并列，分别加以论述。第二种是递进式结构，也叫直线推论，就是在提出论点之后，步步推进、层层展开。论点也在统一的逻辑线索观照下，由一个点到下一点直线移动。第三种姑且称之为混合型，就是把两者结合起来，非常灵活。由于论文论述的是相对复杂的理论问题，所以使用并列式和递进式两者相结合的论文比较多。

第八节 结 论

很多人对结论存在这样的误解，认为其与摘要"一头一尾"，无非就是把摘要说过的话再重新复述一遍。这样的观点是错误的。

结论不是对摘要的重述，它起到总结全文并对问题进行思考和延伸的作用。

比如，研究存在的不足、后续研究可前进的方向，以及未来的期许或愿景等，这些内容我们都可以在结论里提到。结论的具体内容参见下文。

结论部分不需要占用太长的篇幅，因而我们不要在结论部分"长篇大论"，应当将有关论述、分析的内容挪至本论之中。不过，虽然结论较为简短，我们也要令其尽可能地出彩。如果在阅读完论文的结论后，读者能够陷入一番思索之中，并感到意犹未尽，与作者颇有共鸣，那么这部分内容就写得很成功了。

一、结论的内容

结论一般包括以下内容：
①主要结果，即本文研究说明了什么问题。
②论文主要的事实和发现，以及这些事实和发现的重要性。
③将论文研究上升到理论或概念的层面，辩证地对论文研究的中心议题或论文的一些重要观点进行肯定。
④研究结果的理论意义和实际价值，对前人有关的看法做了哪些修正、补充、发展、证实或否定。
⑤研究的局限性以及对解决这些问题的关键点或方向，需要进一步讨论的问题和建议。

二、结论的作用

首先是呼应研究主题，即以"总—分—总"的结构，对绪论提出、本论论证的问题总结论点并进行恰到好处的升华。其次是总结创新信息，在这一部分可以重复强调论文的创新之处。因为创新性是衡量论文价值的重要指标之一，结论里可以着重介绍作者的独立研究和创新成果，及其作用和贡献。最后是提出新的问题。结论中可以提出研究中未解决的问题或者存疑的问题，可以成为下一项研究的选题，也可以介绍给读者进行抛砖引玉。

三、结论写作要点

（一）结论要逻辑清晰

编筐编篓，全在收口。文章的收尾部分不能掉以轻心。如前所述，结论是对论文中提出的问题，经过充分论证后，做出的令人信服的回答。此部分的内容应简洁、明确，有着难以驳倒的逻辑力量。

结论是整篇论文的归结点，而不是对某章节或某一个层次进行总结，或对正文内容进行简单重复。结论要围绕全文，总结全文，加深题意，包括对论文理念进行发展延伸。除了得出研究结论之外，有时也在进一步强调论点，甚至把相反的观点恰当地提出来进行讨论，最后提出希望、要求或探讨解决问题的办法。因此，结论之论必须要有清晰的逻辑，如果逻辑混乱，结论便无法做到铿锵有力、掷地有声，也会对整篇论文造成影响。此外，结论还要有一定的发散性，而不只是就事论事地议论。

（二）语句要简洁严谨

结论的语句应该简要具体，使读者能明确了解作者的核心观点、论文的核心价值。论文具有科学性，必须严肃认真地对待，在结论部分更要谨慎清醒。结论可以写得斩钉截铁，绝不能含糊不清。结论的语句尽量使用单句，不要复句，用清晰简练的语句做总结陈词。如果不擅长叙述，可以按一定的逻辑顺序进行分条阐释。同时，文字不能口语化，要用书面语，把握好分寸，不走极端。

论文的正文部分对研究对象进行了探索，呈现了事实，分析了作品和案例，也陈述了自己的想法，讨论了一些问题。结论部分是论文最有理性思辨的部分，也是最能展示论文写作研究价值和意义的部分。如果前面的章节主要依靠事实说话，那么这一部分主要依靠抽象思维和逻辑推理进行更深层的认识和思考。总之，结论需要既讲清楚道理，形成自己的真知灼见，又能连接高远、发人深省、余音袅袅。

（三）注意避免易发问题

结论部分的写作容易出现如下几种问题：

①无结论。没有对论文前面的内容进行总结，没有对论文所有的问题进行最后的回答。

②对前面章节的内容进行简单重复，结论成为前论。

③东拉西扯，含混不清。

总的来说，研究者应该在结论部分从整篇学位论文的所有材料和结果出发，通过推理、判断得出理性见解。"发出自己的声音"需要有自信和坚定的意志，坚信自己的判断和自己的想法。充分体现自己的理论水平和思辨能力，不害怕与他人存在分歧，并以谦虚和坦然的态度留下与他人继续讨论的空间。

第九节 致　谢

一、致谢的概述

致谢是学位论文中特有的结构，它一般独立成篇，是作者对论文或研究提供过帮助、支持、鼓励的非官方感谢信。致谢是同学们在学位论文写作中最容易完成的、最乐于进行创作的低难度、风格化的部分。在致谢中，同学们可以向对课题研究或论文写作提供过帮助、却不符合署名要求的单位或个人进行感谢，表达对他们劳动的尊重，有利于形成感恩互助的学术风气。很多同学在致谢部分充分发挥了个人文学写作水平，成为理性文章中的感性部分，给严肃的学术研究注入了丰富的感情色彩。

致谢是论文写作的最后部分，也是一篇完整学位论文必不可少的部分。写作者在论文完成后写下致谢，不仅是对漫长艰苦的论文写作做一个回顾或谈一点体会，更是需要怀着一颗感恩的心，对那些为自己论文做出贡献的个人或机构表示自己的感谢和尊重。

二、致谢的方式

第一，作者可以向提供过帮助的个人与机构致谢。论文和课题研究一般需要多方面、多人员的支持，除了凝结着作者和导师的智慧和汗水之外，还包含有诸多科研机构、社会团体或者专家前辈、挚友亲朋甚至陌生人的辅助力量。知恩图报是中华民族的优良传统，这样的感谢应该用语言表达出来，这样的历史应该用文字记录下来，这样的美德应该用习惯传承下来。

学位论文致谢的对象一般依次为：

①对自己的导师表示感谢。致谢重点是导师对本论文的贡献及对论文作者的教导和影响，致谢力度要大，描述要具体。这里千万不能完全拷贝别人的东西。

②对其他老师表示感谢。致谢重点是他们对自己的论文提出过重要的指导意见，或对自己的学习成长给予了许多帮助。老师们的名字要一一列出。

③对同学和朋友表示感谢。致谢重点在于帮助过自己学习和提供过论文写作支持的同学，这里需要精简和概括。对提供论文研究资助和方便的机构、组织或个人表示感谢。

④向论文中有些重要的资料、文献、图片的作者和资料的所有者表示感谢，是他们直接和间接的帮助使自己的论文研究得以顺利完成。

⑤对自己的学校、学院表示怀念、不舍与感恩。

当然，我们还可以向家人对自己论文写作及学习期间的支持关爱表示感谢。

第二，致谢既要全面也要精简，不能啰啰唆唆地没完，要做到收放自如，有时候能用一个词语说清楚的不要用一句话来代替，能用一句话来说明白的就不用好几句话来重复。

第三，致谢部分可以进行风格化的文学创作。因为学位论文中并没有对致谢部分的文体严格限制，所以同学们可以自由施展文学写作功力，用个性化的语言和灵活的形式进行情感表达。但是在此提醒各位同学，除了致谢，论文的其他各部分都一定要用严谨、理性的论文语体的语言进行写作，马虎不得。

以中国艺术研究院硕士学位论文《中国五代入宋寒林山水精神内涵》的致谢为例，该致谢情真意切，语言十分优美："感谢研究院给予我这个平台和环境来进行创作和山水研究，感谢老师对我的包容和理解，以及带我们去各处实践，丰富加深了我对于山水形态地质上的理解，使我在解读五代北方山水上能结合北方的地质构造。而生于南方的我本来对南方山水有一定的了解，这对研究也有一定的帮助。再加上自己在校期间的学习和阅读经验，也加深了对中国传统文化乃至中国传统绘画的理解。学校独立研究学风和浓厚研究氛围使我受益良多。对于这篇不才的独论，还请老师同行不吝赐教！"①

三、致谢的作用

致谢在学位论文中有着重要的作用。它是论文作者向曾经给予自己学术研究和情感关怀的个人和机构表达感谢的机会，并由此展示出自己的学术环境和学员身份。但是，许多论文的写作者并不重视，他们常常泛泛而论，笼统抽象，不能表示自己的论文和自己的成长得益于何种具体的帮助，对导师、前辈、朋友虚以礼词。也有不少论文致谢几乎不顾实际情况，极尽虚饰和夸张，甚至抄袭别人的致谢；或者完全不顾文法和格式要求，错别字连篇，暴露出自己论文写作上的真实面目，使论文评审效果大打折扣。

一篇情真意切、渗透了感悟的"致谢"，也是论文作者在校期间学习生活的总结，是感恩之心的体现。鸦有反哺之义，羊有跪乳之恩，这是做人的古训，也是做学问应该秉持的行为准则。实际上，任何人的发展、任何事业的成功都不可能成为偶然和孤立的事件，论文的研究和撰写同样如此。

---

① 李松蔚.中国五代入宋寒林山水精神内涵[D].北京：中国艺术研究院，2018：15.

第十节 注释、参考文献、附录

注释、参考文献、附录虽然不是论文中最重要的部分,但它能够展示作者是否治学严谨、论文是否理据可靠。因此从阅读文献开始就要严肃认真,养成随时记录的习惯。

一、参考文献

参考文献是作者写作过程中所参考借鉴的文献或者书目,一般集中在文末列示。参考文献能够从侧面反映作者的知识背景、论文中研究的理论基础、前人研究成果,表明文献之间的承接关系。参考文献通常出现在文末,用 [1]、[2] 这种符号标注。

参考文献列举的基本原则有以下几点:

①针对性。论文中列举的参考文献必须能够紧扣论文的选题方向。

②权威性。权威性指文献属于权威作者、权威著作甚至权威出版社。权威的文献被许多人熟悉并引用。经典文献也属于权威文献的一种。

③专业性。专业性指专属论文研究领域的学术文献,譬如油画、国画、版画、雕塑专业都有自己不同的专业文献,其中还涉及不同的选题,有不同的专业研究角度和研究范围,需要找到与自己研究相对应的学术专著和文献。

④就近性。就近性有两层含义,一是指与研究对象最靠近的时间段或最靠近的区域出现的文献;二是指文献的研究发表要新,或文献出版的版本要新。注意少用基础教材,少用没有经过筛选的专业文献。如果是研究国外艺术的论文,还需要尽可能列举出外文文献。引用外文资料除了它本身的价值外,还说明你对国际上的研究有所了解。文献的列举要尽可能反映当前相关课题的研究水平,并在同类文献中,尽量用优质出版社出版的或最新版本的文献。

参考文献有四方面的作用:

①反映论文研究具有的科学依据和基础,论文不是空穴来风、自言自语;

②表明写作者的研究视野和研究水准;

③对他人的学术贡献表示尊重,同时指明了引用资料出处,便于检索;

④间接廓清论文中一些属于自己和他人的知识产权的问题。

从参考文献就可以反映出选题者对本选题是否有着必要的了解,是否到位。如果参考文献遗漏了权威的与选题紧密相关的关键文献,或者排序混乱,即直接表明写作者学问低下，没有眼光。有经验的导师和评审专家单从参考文献内容和排序上就可以判断论文写作的情况，甚至可以对论文下一个结论。

对于学位论文来说，参考文献的数量各个学校规定不一。一般硕士学位论文参考文献总数不能少于 30 篇/部，包括专著和论文。本科学士学位论文的参考文献数目在 10 篇/部以上。根据论文研究的内容，有时还应该有一定数量的外文参考文献。参考文献中所列出的文献必须是公开出版和发表的著作或期刊论文，一般应限于作者直接阅读过的与研究最相关联的主要文献。未公开发表的资料、数据、言论，虽然不宜列入参考文献，但可紧跟在论文内容之后添加脚注，将引用注释标注在当页的下方。

有的学生在学位论文后列举了很多参考文献，其实并不完全是自己读过或了解过的，只是在别人的论文或著作中看到了这些"文献"的名字，知道了这些文献的存在而已。还有的明明借鉴了别人的文献，却故作不知，或知而不引，以显示自己的独立研究和研究的创新性。殊不知，要想瞒天过海是非常困难的，如此反而提高了论文不通过的风险，将自己置于道德的低谷。

二、注释

注释也叫注文、注解，是对部分文献的简要解释和补充说明，一般包括名称注释、作者注释、文献注释、论据注释等。通过注释可以查核研究文献、节约正文篇幅、评估学术水平，还可以起到文献计量统计、传承研究成果的作用。注释要标明页码，一般排印在该页页脚或文末，注释用上角标①、②这种符号标注。

三、附录

附录是指不便收录在论文主体中的相关资料，可能是数据图表、调查问卷、译名对照表、政策文件等。这些研究资料都可以附于文末，以供读者审阅和参考。附录是文论的补充材料，如果注释和参考文献足以对论文进行解释说明，则可以省略这一部分。附录可以包含的内容有艺术专业常用术语缩写表、实验或调查的重要数据表、不便编入论文主体的图片资料或大篇幅文章、被研究艺术家的生平、艺术潮流发展大事年表等。

参考文献、注释和附录都有着严格的格式要求，关于此方面内容，本书会在第四章"论文的格式编排"一节中进一步阐述。

第三章 论文写作的方法

本章主要介绍论文写作的方法,主要包括七部分内容,分别为:领会写作要求,有的放矢;做好相关准备,运筹帷幄;确定论文选题,事半功倍;搜集有用材料,广纳群贤;勾勒论文提纲,朗若列眉;充实文章内容,添枝加叶;完善各处细节,查漏补缺。

第一节 领会写作要求,有的放矢

在本书第一章,已经对何为论文、何为艺术专业论文进行了简要介绍。但在我们提笔准备撰写论文之前,还需要对论文写作要求加以领会,让自己的写作更具针对性。具体而言,就是应当明确自己要撰写的是何种类型的论文,属于期刊论文还是学位论文,假使是学位论文,那么是本科学位论文、硕士学位论文还是博士学位论文?倘若不清楚这些便随意下笔,很可能花费工夫不少,写出的论文却连基本要求都未能满足。

下面,我们就对不同类型的论文及其要求加以阐释,以帮助写作者更清晰地领会写作要求,真正做到有的放矢。

一、学位论文与期刊论文的区分

期刊论文与学位论文从性质上看都属于学术论文范畴,但是二者也存在一定区别。

(一)期刊论文

期刊论文,即刊载于正式出版的期刊上的论文。我们又可根据行文是否具有很强的严谨性、学术性,将期刊论文分为学者性论文和一般性论文。

1. 学者性论文

我们一般将具有很强的学术性、系统性的研究型文章称为"学者性论文"。

这类论文通常被发表于高校、研究院的学术期刊上。

学者性论文并非为一些散议、点评，更不是杂感，而是写作者对思想与道理进行有条理的阐述，从而形成有规模、有深度的论文内容。无论从题目、章节还是分析、论述来看，学者性论文都有着严谨的学术行文。写作者在写作时，会尽最大努力追求叙述的客观性、准确性。

2. 一般性论文

相较于学者性论文，一般性论文就显得更加自由、活泼，篇幅上也较为短小、简洁。当然，一般性论文也有其自身的研究性、学术性，然而在研究问题时，写作者通常会采用更概括、更直接，也更具个性的方式。其所面向的是普通读者群体，加之写作者可能没有特别充足的写作时间，难以做到每一次提笔都能写出高质量文章，因此一般性论文注重叙述事理，表达个人见解，不太受到论文规范束缚，也不是很注重行文叙述是否透彻清晰，其多见于一般性的报章杂志中。

（二）学位论文

学位论文，就其功能来说，是为了申请学位（学士、硕士、博士）而写的论文。

在所有论文当中，学位论文是一种最为特殊的文章体裁。其一，它所面对的读者较为特殊。期刊论文的读者群体范围很广，而学位论文所面对的主要是写作者的导师和相关评审委员。其二，它的写作目的较为特殊。学位论文不似期刊论文是为了发表而作，其写作的主要目的是接受考核。了解了这点，同学们在撰写学位论文时就完全不必考虑内容是否满足普通读者口味需求、是否适应报纸杂志版面等问题，只需要思考如何通过论文充分地展现自身专业能力、专业素养，以此为写作出发点。其三，它既是研究性论文，也是获取学位的"凭证"。因此，写作者需要提前了解毕业论文相关规定与要求，如应撰写多少字、采用何种格式、选择哪种体例等，将这些了然于胸后再进行谋篇布局，这样才能符合学校的规定。如果对这些要求不甚了解，贸然下笔，很可能出现各种错误，导致事倍功半。其四，学位论文不是一蹴而就的，它是一个需要一段时间认真深入研究、写作的过程。举例而言，一篇本科毕业论文，通常需要半年的写作时间，字数约为5000—10000字之间；硕士、博士的毕业论文要求自然更高。因此，从开始撰写毕业论文到写作完毕，我们都要接受导师指导，并且将周密有序的写作计划拟定出来，这样才能一步一步完成论文写作任务，真正写出优秀的毕业论文。

接下来，我们对本科、硕士、博士的毕业论文要求进行进一步剖析。

二、本硕博毕业论文的要求

（一）整体角度的不同要求

本科所需撰写的学士学位论文、硕士研究生需撰写的硕士学位论文以及博士研究生需撰写的博士学位论文，都属于学位论文范畴，它们之间既有共同点，也有不同之处。共同点在于它们都要求写作者具备运用所学知识，分析和解决本学科内的基本问题、前沿问题或关键问题的学术水平和能力；区别之处主要反映在理论、知识、能力、创新四个方面的不同表现。

1. 不同的理论要求

在对理论的要求方面，国家要求学位申请者根据自己的学历层次，用相应的学位论文体现其从掌握本门学科的基础理论，到掌握本门学科坚实的基础理论，再到掌握本门学科坚实宽广的基础理论的变化，使其掌握的理论随着学历层次的提高，不断拓宽视野、陟遐自迩。

2. 不同的知识要求

在对知识的要求方面，体现从掌握本门学科的专门知识，到掌握本门学科的系统专门知识，再到掌握本门学科系统深入的专门知识，使其掌握的知识随着学历层次的提高，不断系统化、有增无损。

3. 不同的能力要求

在对能力的要求方面，体现从有从事科学研究工作或担负专门技术工作的初步能力，到有从事科学研究工作或独立担负专门技术工作的能力，再到具有独立从事科学研究工作的能力，使其研究能力随着学历层次的提高，不断得到提高、出类拔萃。

4. 不同的创新要求

在对创新的要求方面，体现从强调掌握基本技能，到对所研究课题有新的见解，再到在科学研究或专门技术上取得了创造性的成果，使其研究创新随着学历层次的提高，不断得以深化和优化。

（二）具体角度的不同要求

从定义属差上对学士学位论文、硕士学位论文和博士学位论文的水平要求、学术目标等可以做出更加具体的区分。

1. 学士学位论文要求

学士学位论文要求其研究对象明确、阐释概念清晰、描述过程有序、分析方法合理、能够提出解决问题的办法，并就如何更好地进行研究提出设想。因此，艺术学科的学士学位论文，可考虑将毕业设计作为研究对象，合乎逻辑地按照设计步骤及每个步骤的创意，陈述其设计过程，但不能写成创作体会。因为体会可以与毕业创作直接相关，也可以是间接相关，还可以涉及类似个人情感等属于个人体会的内容，不适合作为专业要求接受检查。

2. 硕士学位论文要求

硕士学位论文要求其对研究对象的历史应该有所了解，避免产生重复研究，同时必须注重研究方法，在论文中要采用某种科学的方法来阐释研究对象，还必须运用某种经典理论来分析研究对象，并且引发新知。在硕士学位论文中通常要有结合实验、实践的研究个案分析，并对其实用价值、应用前景做出必要的说明。

3. 博士学位论文要求

博士学位论文特别强调研究的系统性和创新性。在涉及具体研究对象或问题时，不仅要全面厘清与研究对象直接相关的学术背景、理论价值和现实意义，还要深入发掘过去研究中存在的不足和问题，充分阐明其进一步深化研究的理由。在研究分析核心问题和相关问题时，必须熟练运用理论，深入事物内部揭示事物本质，注重研究方法对解决问题的作用、产生的影响等。博士学位论文的结论不仅要体现解决问题的科学性，还要探讨其相关影响的可能性，同时有力地阐述其在特定环境条件下研究和理论创新的普遍性，以及对于促进社会发展起到的作用。

学士学位、硕士学位和博士学位的论文要求等级，主要与人才培养和教育的差异化管理要求有关。当然，我们在努力通过研究发现和接近真理的道路上，应该是不会有学士学位论文、硕士学位论文和博士学位论文之分的。

第二节 做好相关准备，运筹帷幄

一、制作写作计划表

除去那些篇幅很短、内容很少的论文能被一挥而就外，大部分论文都是需要经历一段时间的研究、打磨、推敲，经过字斟句酌后才能书成的，所以，制作论文写作计划表是十分必要的。一方面，它能帮助写作者确定写作目标，确定写作的时间节点，把漫长的写作阶段划分为一个个具体时间点，变成一项项具体任务。写作者可以在撰写论文的过程中逐步将其完成，更有计划性、针对性，避免写作时东一榔头西一棒子，导致混乱无序、漫无目的、没有章法。另一方面，它也是一种无声的督促与提醒。论文写作是一项枯燥的工作，需要制订好具体、详细的计划表。写作者每天都有需要完成的任务，通过对照计划表，也能够及时查漏补缺，查看上一阶段是否有遗漏的任务，决定当前阶段是否需要抓紧时间、提高效率，从而一步一步完成整篇论文的写作。如果缺乏相应规划，写作者又无法严格自律，那么很可能陷入拖延之中，最后或是无法完成论文"开天窗"，或是匆忙赶工完成，造成论文质量极低。

在这里，本书还要特别对学位论文的计划进行强调。如前所述，学位论文常常需要花费半年甚至更久的时间进行准备，并且学位论文关系着每一名学生的毕业大事，假使无法按时完成，抑或是完成质量不过关，写作者很可能面临延毕危险，甚至将拿不到学位证书，这是影响人生未来发展的大事。因此，提前做好学位论文写作计划安排，定好目标与时间节点，可谓至关重要。

由于不同学校规定不同、要求不同，加之每名学生自身学习情况、学习特点也有所不同，因而在安排学位论文写作计划的时候，应当因人而异，无须整齐划一。每名学生应当从自身情况出发制作写作计划表，如果认为自己准备不充分，便"笨鸟先飞"，早一些开始毕业论文撰写工作；如果平日里学习基础很好，写作能力出众，也可以按照自己的节奏从容进行。但总体来说，都要为选题、查找资料、正式写作留出充足时间，同时，也要确保有足够时间对论文进行推敲、修改与补正，确保论文合规合格。

部分院校对毕业论文写作计划表进行了强制性规定，要求学生先行提交一份关于毕业论文的写作计划、日程安排。实际上，能够对自己的毕业论文进行系统的、有序的、科学的规划安排，也代表着写作者对毕业论文写作各项流程与内容深谙于心，体现着写作者自身的能力。

二、紧跟学术动态

如本书第一章所述，艺术专业论文应当具有开拓性和创新性。我们所撰写的论文，不应是被前人反复咀嚼过的"残羹冷炙"，也不应是食之无味、缺乏价值的"鸡肋"。因此，在论文写作过程中，我们应当避免闭门造车，尽最大可能开阔眼界，时刻紧跟相关研究领域内的学术动态。既以先进知识、思想、理念武装自己头脑，又从其中汲取力量、拓宽思维，提出自己独具创新性的观点。

(一)关注学术政策

学术政策具有强大的导向性,是学术领域的风向标,对学术发展具有引领作用。唯有密切关注学术政策,我们才能更好地认识到学术领域的发展、前进方向,也才能快步紧跟而上。如若学术政策有所更新、改变而写作者恍若不知,那么在进行学术研究时很可能会出现滞后问题,甚至产生实质性错误。

(二)关注科研网站

现如今,随着科学技术进一步发展,互联网在我们的学习、工作、生活中得到越来越广泛的应用。各科研网站如雨后春笋般诞生,同时涌现的还有各个专注学术、科研的公众号。

这些网站、公众号往往整理、发布着最新、最全的科研信息,并无偿地同大众进行分享。我们可以通过浏览网页、公众号文章,了解到学界最前沿的信息资讯,从中获取自己想要的讯息,避免因为闷头研究而导致信息落后。每天只需抽出很短的时间,我们就能掌握一手科研资讯,实现"头脑风暴",这对论文写作是大有裨益的。

第三节 确定论文选题,事半功倍

一、选题的重要性

论文的选题是撰写论文的第一步,也是论文写作质量的关键。"题好一半文"是许多人的共识,一个好的选题甚至直接决定其论文研究的创新程度和能够达到的学术水准。

具体而言,选题就是确定学术研究的课题。课题选得好不好、对不对,对于研究成果的价值具有决定性的影响。法国历史学家、《旧制度与大革命》一书的作者托克维尔(Alexis de Tocqueville,1805—1859)甚至说:"成功机会一半以上就在选题,不仅因为需要找一个公众感兴趣的主题,尤其因为需要发现一个能使我自己也为之振奋并为之献身的主题。"[①]

著名的学者和科学家对于选题的重要性都提出过自己的见解。英国物理学家贝尔纳(J.D.Bernal,1901—1971)认为,选题是研究战略的起点。他写道:"课

---

① [法]托克维尔著;冯棠译.旧制度与大革命[M].北京:商务印书馆,2012:02.

题的形成和选择，无论是作为外部的经济技术要求，抑或作为科学本身的要求，都是科研工作中最复杂的一个阶段。一般来说，提出问题比解决问题更困难。如果再加上人力和设备都有一定的局限，则产生的课题之多是无法一下子全部解决的。所以评价和选择课题便成了研究战略的起点。"① 爱因斯坦进一步指出，提出问题不仅比解决问题更困难，而且也更重要。因为发现并提出一个新问题就意味着科学走向一个新的节点。他写道："提出新的问题、新的可能性，从新的角度去看旧的问题，却需要有创造性的想象力，而且标志着科学的真正进步。"② 因此，德国哲学家汉斯 - 格奥尔格·伽达默尔（Hans-Georg Gadamer，1900—2002）说："对于研究者来说，在科学中具有决定意义的就是发现问题。"③ 选题的任务就是发现问题，并且把所发现的问题确定为科研的课题。

选对了题，选了一个好题，不仅对论文的内容和价值具有决定性的意义，而且对研究工作本身也有巨大影响。因为如果选对了题，选了一个好题，研究者就会对自己的工作充满信心，从而激发出强大的动力和冲天的干劲，以坚韧不拔的意志和百折不挠的精神去完成它。就像托克维尔所说的那样，一个好的选题能让作者"为之振奋并为之献身"。

选题不仅关乎"写什么"，还关乎研究者以前做了什么、现在正在做什么，更可能开启其今后的艺术道路。找选题甚至可以被看成"找前程"，而不仅是"题好一半文"的事情。好的选题可以促进写作者的知识深化和能力提高，还可以不断持续研发，具有延续性，为自己的专业深造和今后的工作奠定基础。如果选题是一个学术含量非常大、非常有价值的问题，那么本科毕业论文、硕士毕业论文、博士毕业论文的内容也都可以在此范围内或基础上选择，甚至作者今后的工作也会受惠于今天自身的选题。一个好的学术选题，将储备起巨大的可利用能量。在学术研究上志存高远者，选题尤其要讲究。

需要注意的是，没有经验的、初写学位论文的学生往往认识不到选题的重要性，因此没在选题上面多花心思就轻易地把选题定了下来，这会对论文的价值以及论文的写作产生不利的影响。所以对选题的重要性一定要有高度的认识，选题一定要慎重、精心。

总之，论文的选题具有重要意义，特别是毕业论文选题，不仅关乎学位的申

---

① 中国社会科学院情报研究所编辑. 科学学译文集 [M]. 北京：科学出版社，1980：28-29.
② [美] A. 爱因斯坦（A.Einstein），[美] L. 英费尔德（L.Infeld）著；周肇威译. 物理学的进化 [M]. 上海：上海科学技术出版社，1962：66.
③ [德] 汉斯 - 格奥尔格·伽达默尔（Hans-Georg Gadamer）著；洪汉鼎译. 诠释学 1 真理与方法 哲学诠释学的基本特征 [M]. 北京：商务印书馆，2007：62.

请，也关乎自身未来的学术生命。"赢在起跑线上""入门须正，立志须高""格局决定结局"，这些都是学生在论文选题时必须牢记的。

二、选题的原则

怎样选题才能选得对、选得好呢？一般来说，选题需要依循如下原则。

（一）价值性原则

所谓价值，就是于世人、于社会有益、有用。学术论文首先要有价值，没有价值的论文等于废纸一堆。

想要让论文有价值，我们在选题时就一定要适应社会的需要。一是抓住现实生活中迫切需要解决的问题进行研究、发表意见、提出对策，这样的论文就有现实意义。二是探索和求解某一学术领域中的疑难问题，从而推动学术的进步，这样的论文就有理论意义。

此外，部分论文的选题是对事实进行澄清，尤其是重要的事实。这当然也是有价值的，比如王国维的《西域井渠考》。法国人伯希和认为，中国新疆的井渠（坎儿井）是从波斯（伊朗）传入的。王国维不同意这个观点。他查阅并援引了《史记》《汉书》《北史》等大量史料，证实井渠（坎儿井）的创始者乃是新疆人，后来井渠（坎儿井）才传到他国。这一选题就具有重要价值。

（二）创新性原则

学术论文需要一定的创新。创新又可以理解为具有原创性，这既是对论文的一种学术规范要求，也是度量论文价值的重要之处。

这里所说的"创新"，亦可被称为"创见"。选了一个好题，如果拿不出创见，论文的价值就要大打折扣。没有创见，就没有进步。可以说，有创见、出新意，乃是学术论文的灵魂。南北朝时的文论家刘勰认为，议论文贵在"师心独见"，十分推崇论文的独创性。陈寅恪在学生的论文评语中写道："论文要有创见。"[1]《中华人民共和国学位条例暂时实施办法》对硕士论文的要求是：对所研究的课题应当有新的见解；对博士论文的要求是：在科学或专门技术上做出创造性的成果。这样的要求是非常必要而且完全合理的。

大学者季羡林十分强调学术论文的创新性，他把他的一个重要的人生感悟写成一篇文章——《没有新意，不要写文章》。他在文中写道："论文的核心是讲自

---

[1] 陈寅恪著；陈美延编. 讲义及杂稿[M]. 北京：生活·读书·新知三联书店，2002：461.

己的看法、自己异于前人的新意,要发前人未发之覆。有这样的文章,学术才能一步步、一代代向前发展。"① 这一人生感悟是他从自己的一段刻骨铭心的经历中得来的。1936年,他在德国哥廷根大学师从瓦尔德施米特教授学习梵文和巴利文。第四个学期念完,就开始写论文,论文的题目是《〈大事〉伽陀中限定动词的变化》。他觉得应在论文前面写上一篇有分量的长长的绪论,这样论文才显得有气派。季羡林翻阅了大量用各种文字写的论文,做笔记、做卡片、写提纲,经过大约一年多的时间,终于写成了一篇长长的绪论。可是,教授看了之后,只在绪论的第一行前加了一个前括号,在最后一行加了一个后括号,把绪论全部否定了。教授对他说:"你的文章费劲很大,引文不少,但是根本没有自己的创见。看上去面面俱到,实际上毫无价值。"② 这使他受到了剧烈的震动,他由此得到了一个深刻的教训,即"没有创见,不要写文章"。这个教训成了他撰写学术论文的座右铭。

具体而言,论文选题要遵循创新性原则,首先就是不能简单重复别人已经反复研究过并且有着成熟的研究成果的选题,更不能仅将论文用来陈述学科的基本常识。写作者一方面需要找到已经成熟或者比较成熟的研究平台,让自己的研究与他人的研究密切相关;另一方面,又需要找到他人研究的空白、薄弱、疏漏甚至错误之处。论文的创新之处与他人已有的研究成果相比,也许体现在研究的内容和对象上,也许体现在研究的角度和方法上,也许体现在研究的意义和结论上。这类选题的创新点主要在于深化、补充和丰富原有的研究。

学术论文的创新点或新意不是绝对的。特别是作为艺术专业的学生,无论本科生还是研究生,其实不用苛求在理论上提出什么重要的观点或有什么突破性的理论创新。只要在尊重他人研究成果的前提下,通过自己的研究、思考和独立的写作,有自己的成果、发出自己思想的火花,论文的"新见解"和新意就可以成立。

在学科领域内发现前所未有又具有极高价值的研究课题,是创新的最高理想。但在前人的研究成果基础上,能够产生"问题意识",进而进行独立思考和补充研究,推陈出新,对原有的研究有所丰富、有所发展,也属于创新。这后一种的创新较为常见。

(三)小而大原则

小,指选题的范围要狭小。梁启超在《指导方针及选择研究题目之商榷》一

---

① 季羡林著. 我的人生感悟 [M]. 北京:中国青年出版社,2006:95.
② 季羡林著;蒋忠新,王邦维编. 朗润琐言 [M]. 上海:上海文艺出版社,1997:48.

文中指出:"选择题目,不可太大。大了无法指导,并且容易犯空疏笼统的毛病。题目范围要明了、要狭小,最大限度也需一年之内能够彻底研究终了的。"① 陈寅恪在刘钟明的论文《有关云南之唐诗文》的评语中也表达了这个意思,他写道:"此论文范围甚窄,故所收集之材料可称完备,且考证亦甚审慎。"② 这里的"窄"字,也即"小而大原则"之中的"小"。

那么,大是什么意思呢? 大,指的是要用小题目做大文章。胡适在《吴淞月刊》发刊词中说:"我们要'小题大做',切忌'大题小做'。例如顾亭林举一百多个例子来证明'服字古音逼',这是小题大做。若用二三百字来说'统一财政'或'分治合作',那便是大题小做,于己于人都无益处。"③ 可见,"小题大做"才能把问题讲深、讲透,"大题小做"对问题的研究只能是浮皮潦草、泛泛而谈。可以打比方说:"小题大做"就是打一眼深井,窄而深;"大题小做"就是挖一口池塘,宽而浅。

从写作实践来看,选题范围小一点、具体一点,写作者也更好驾驭。选题太大常常只能泛泛而谈,不能详细论证。小题利于深入、利于展开,能力所及,掌控自由。小题又因为具体,也可体现研究的个人化和独立性。但小题研究不能以小见小,仅仅就事论事,所以也要如前所述,结合"大"来进行,通过"小题大做",真正做到以小见大。

(四)可行性原则

选好题之后,写作者还要对选题做可行性研究,就是考虑自身是否具备条件把这个课题顺利完成。条件分两个方面,即客观条件和主观条件。

1. 客观条件

客观条件大致包括以下几个方面:

①资料。资料是进行学术研究的基础,没有资料或资料缺乏,学术研究就无法进行或者会碰到很大的困难,就像没有建筑材料便无法盖房一样。确定选题时,材料是首先必须考虑的。即便选题很好,但如果缺少资料和研究基础,也可能因无法论证而搁浅。材料收集的可行和可靠,也是选题足以深入研究的一种保证。

②时间。特别是对于学位论文来说,时间是非常重要的。因为学位论文必须在规定的、有限的时间内完成。为此,学生必须考虑所选课题的大小、规模和难易程度,要以能在限定的时间内完成为尺度对选题的可行性进行衡量。

---

① 夏晓虹编. 十二世纪中国文化名人文库 梁启超文选 下 [M]. 北京:中国广播电视出版社,1992:445.
② 陈寅恪著;陈美延编. 讲义及杂稿 [M]. 北京:生活·读书·新知三联书店,2002:458.
③ 胡适著;欧阳哲生编. 胡适文集 4[M]. 北京:北京大学出版社,1998:544.

③导师。对于还在求学的写作者来说，撰写学术论文（无论是期刊论文还是学位论文）时所选课题最好是在自己导师的擅长领域之内，这样在写作过程中就能得到导师最切实、最有效的指导和帮助。否则，一旦遇到自身能力无法解决的问题，可能会陷入孤立无援的困境。

2. 主观条件

主观条件包括以下几个方面：

①知识结构。做不同的课题，需要具备与之相应的知识。选题的时候，写作者就要考虑自身是否具备做这个课题所需要的相关知识。比如，想要研究孔子的文艺思想，至少要有阅读古汉语的能力，还要对春秋时期的历史和文化比较熟悉。

②兴趣。兴趣是学术研究强大的内在动力。研究自己感兴趣的课题，不仅会激发出巨大的热情和干劲，还会让人觉得做研究是一件快乐的事情。兴趣是最好的老师，一篇论文的完成往往需要写作者花费许多时间和精力。如果面对一个自己完全没有感觉、不对口味的选题，那么整个写作过程就会变得非常难过，甚至产生严重的不良后果。如果自己都没有对选题产生兴趣，论文完成后也不可能激发别人的阅读兴趣。个人兴趣里面不排除蕴含了超越个人层面的东西，因此，在选题过程中，写作者一定要寻找和尊重自己的个人兴趣，不要勉强自己，也不要"投机取巧"，只考虑论文写作的难易程度和一时之利。论文写作并不是写完就搁笔，如果找准了自己真正感兴趣的选题，相关的研究甚至还会持续到高一层次的学业，或在今后的工作中得以延续。写作者与选题之间需要"机缘"，也需要"感情"，这样建立的关系才能稳固、才有未来。同时，论文也代表着写作者的个人形象，是其专业志趣和学术品格的一面镜子。从某种角度来说，个人兴趣是决定论文选题的关键所在。兴趣也可以培养，在论文研究和写作过程中才逐渐产生个人兴趣的情况也不少见。

此外，个人也是属于某个集体、阶层和社会的，在这一点上，论文写作者的个人兴趣也可以转化为一种"公共利益"和"社会价值"。当然，个人的喜好和兴趣也不是畅通无阻的"令牌"，特别是对于学位论文来讲，其还有必须兼顾的方方面面，一般不可能完全出于个人兴趣来考虑选题，这一点我们会在后文"选题应当避免的问题"中进行进一步阐述。

③能力。写作者要考虑自身的科研能力同所选课题的难易程度是否相当。所谓"相当"，就是写作者以既有的科研能力做这个课题既不太容易，也不太困难。不太容易，指的是写作者如果不做进一步的努力，是无法完成这个课题的；不太困难，指的是写作者如果努一把力，就一定能完成这个课题。

在此，我们以著名武侠小说家金庸做学位论文的经历为例，阐述选题遵循可行性原则的必要性。金庸八十多岁到英国剑桥大学求学。他的学位论文选题几经波折，颇不顺利。最初的选题是"匈牙利人和匈奴人的关系"。但是这个选题没有通过。究其原因，金庸自述道："这个题目说出来，当场有一个教授是研究匈牙利的权威，他说，有一本关于匈牙利的书，你觉得里面有什么地方写错了？我说，不好意思，你说的这本书我没有看过。他又说，那没有关系，还有一个德国学者，19世纪的，关于匈牙利他有一个什么意见，你认为这个意见对不对？我说我也没看过，对不起。他说，这两本书是研究匈牙利的权威著作，你都没看过，那对匈牙利的研究还是不够的。然后他又讲了一通匈牙利文，问我什么意思。我说对不起，我也不懂匈牙利文。他说这个题目你不能做的，要不我先介绍你到匈牙利去学匈牙利文。"之后，金庸想写大理和唐朝的关系，因为他到过云南大理，而且在小说中写到过大理。针对这个选题，有一个权威专家出来讲了一通藏语，问金庸这是什么意思。金庸说："对不起，我不懂藏语。"于是这位专家说："那你不懂藏语也不能做这个题目。因为大理和西藏的关系很密切，大理的文化是归于西藏的，研究大理，不懂藏文是不利的。"① 专家否定这两个选题，是因为金庸不具备做这两个课题的能力与条件。

实践中，写作者应尽量在本专业范围内选题，选择自己熟悉的研究对象，或选择长期体验和关注，心得颇多、已知其味的研究领域。如此，自身的知识结构和学术专长才可能与所选题目相匹配，研究起来才能够得心应手，发挥出自己得天独厚的专业优势。有些选题也许意义重大，非常有价值，但受限于写作者的理论水平和研究条件，无法很好地驾驭，就要远离或者放弃。

三、选题的方法

进行选题之前，写作者必须做一件事，那就是对自身所研究的学术领域中的学术成果与问题做一番普查，这是进行正确而有效的选题的前提。

通过查阅学术成果与问题，不仅可以启发选题思路，明确最有可行性、最有价值的论文选题方向，还可以对拟选的课题进行更清楚的审视和判断。在查阅大量的资料后，写作者可以清楚地了解论文选题的背景和意义、历史和现状，以及本课题当前的研究水平和动向，同时，有助于决定学术论文需要展开的内容和执行的具体研究。

---

① 康伟.金庸：香港回归是历史主流[N].中国艺报，2007-07-03（010）.

在打下进行选题的基础之后，我们可以采用以下几种方法着手进行具体的选题。

（一）新做前人未做过的题目

对于写作者来说，"前人未做过的题目"是非常好的选择，当然，它既蕴含机遇，也暗藏挑战。

所谓机遇，是指以此方法选题，写作者所涉足的领域将是全新的，未被研究过的，就像一块广阔天地，任自己探索与创造。将前人未做过的题目作为论文选题，能够最大限度地凸显出论文的创新性，其研究成果也将更具价值，能够为后来之人提供新理论、新思想、新方向。

所谓挑战，是指在论文写作过程中，由于所涉领域并无前人研究，因而每一步都需要写作者自己深入探索、攻克难关，并且这种探索与研究不能是胡乱而为，必须具有科学性，使得出的结果、结论有其自身的价值。从无到有是最为艰难的，然而取得的成果必然也是光彩夺目的。

（二）改做前人已做过的题目

前人做过的题目是否有再进行研究的意义？如果写作者认为前人做过的题目不够全面、不够深入，或者有需要改进、更新的地方，或者自己想要对其提出新的见解、新的观点，那么也可以对其进行再研究。这种选题方法也是较为常用的，如果写作者无法找到一个前人未曾研究的问题，或者没有能力对这类问题进行研究，不妨从前人已做过的题目中寻找灵感，确定选题。

（三）用新观点看老问题

爱因斯坦和英费尔德在谈到物理学的创新时，对用新观点对已知情况进行研究的重要性予以特别强调。用新观点来研究老问题，就会有创新，就会出新见。第一，用新观点去看老问题，会使研究者对老问题所具有的某种性质产生新看法、新评价。第二，用新观点去看老问题，还可能使研究者发现、发掘出老问题所蕴含的却未曾为人们所见到的新性质。

（四）关注新情况、新事物

历史在发展，社会在前进，新情况、新事物层出不穷。新情况、新事物需要我们去认识、去说明，因此新课题比比皆是。改革开放使我国社会各个领域都发生了巨大的变化，从而向各个领域的学者提出了许多需要加以探讨和研究的新问题、新课题。这些都亟待人们去研究。

四、选题应当避免的问题

综合前文所阐述的选题原则、选题方法，本书立足于艺术专业论文的写作，再对选题中应当避免的问题加以强调。

（一）难度过大和难度过低

难度过大与题目过大不完全相似。题目大了有难度，但也不是所有的小题就没难度，就好写。选题属于学术研究关键的第一步，缺失材料、缺失研究条件和资源、研究者自身不具备相应的专业素养和知识储备等，都可以是选题有难度的原因。

例如，《中国当代军旅油画创作研究》，这样的选题如果是由部队的军旅画家或文艺理论家来写，一定是"小菜一碟"。但是，如果由一位从来没有军旅体验，也没有军旅油画创作实践体验，甚至对军旅油画一直没有多少关注的在校学生来写，其难度可想而知。

有的论文的选题难度体现在学科专业的知识基础上，如《"透视"重构——现代绘画三维空间的建构研究》，研究这个选题需要有比较扎实的传统透视的基础知识，懂得传统三维透视，即中心透视法建立的原理、过程和在传统艺术实践中的各种表现，才能进入现代绘画三维空间的建构研究中去。此课题需要的专业知识背景非常关键。

当然，有些选题的难度与价值成正比。写作有难度的选题需要付出很大的努力，还要做好面对失败的心理准备。

难度过低则与选题缺乏理论探讨性及重复研究有关。具体表现在：写作内容是一些教科书上的基本常识；选题缺乏深入的思考，只是泛泛而谈。如印象派的写生色彩、素描的重要性、梵高艺术的特征等艺术学科常识范畴的选题。还有一些关于中小学艺术教育教学的选题在师范专业学生的毕业论文中频繁出现，如剪纸课程教学设计、多媒体教学手段在美术教学中的运用、乡土资源在中小学美术课堂中的开发与应用等。当然，有些选题单从题目上很难判断难度大小，必须进入论文的内容才知道选题的研究情况。

在选题时，应特别注意是否具有个人独立研究的可能和是否具有能够深入展开的空间。大而全、难而深的选题，由于超出了写作者的能力，其论文的撰写往往会出现不务实际的空谈，或者文不对题的胡诌，甚至到处去"剪刀加糨糊"地拼凑。而难度过低的选题则直接导致其研究意义和价值的不足。

（二）选题陈旧

选题陈旧的意思是指这一类选题已经被许多人反复研究过，成果丰富，定论昭然，没有多少继续研究的价值。

例如，如果我们现在看到《抽象艺术》《油画材料技法研究与实践初探》《艺术作品的构图》等这些艺术专业论文题目，就激发不起阅读的兴趣。因为这些题目锁定的研究对象已经被许多人反复地"深度耕耘"过，已经看不出有什么新意，就如同在一个人流熙攘的地方，很难踩出什么新鲜的脚印。有些论文选题太过于靠近和雷同，也会产生选题陈旧的印象。如《当代语境条件下具象油画语言的拓展空间》《新视觉时代具象油画语言的空间拓展》《油画现代具象语言及其表现》《试论具象油画语言的表现力》这一系列的选题，基本意思都差不多，也有选题陈旧之嫌。

论文的选题不等同于题目。选题是研究的方向，题目是选题的具体化和明确化。有时问题不是出在选题上，而是出在题目的字里行间。例如，《中国当代具象油画家材料技法与个性化语言的关系研究》，同样是研究具象油画的论文，但此论文的研究较之一些空泛的论文要具体，并有一定的问题意识。再如，《当代油画的"互文性"研究——以曾梵志〈最后的晚餐〉为例》，其中的"互文性"虽然与"模仿"有许多关联，但"互文性"是新词，内涵也更丰富，具有时代感，这样的题目就与一般探讨艺术的"模仿"现象拉开了距离。尽管"互文性"在当代文学、电影的研究中多有讨论，但在美术（油画）创作研究中探讨很少，再加上一个副标题"以曾梵志《最后的晚餐》为例"，将具有代表性的研究对象框定，使得论文选题的新意和可研究性凸显出来。又如，《高校油画创作中传统手绘技艺的消解研究》，论文虽然探讨了一个当今艺术界的热点话题，即数字化时代的艺术状态，但写作者将研究的视野划定在"高校油画创作"这一范畴，既紧密联系了艺术的热点话题，又关注和研究了在这一话题内最具活力、最有说服力的区间，刚好这一区间又是已有的研究中尚且薄弱的领域。此论文选题的新，不在观点，而在研究对象和研究角度。有些论文太过局限在本专业的知识范畴，写作思路狭窄、视野不宽，论文论点的确立、材料的运用，乃至结论都拓展不到一个新颖的学术空间里，这也是一种陈旧。

（三）题目过大

选题要以小见大，不宜贪大求全。研究具体而细微的问题是写作的最佳策略。但是，不论多小的选题，也需要宽阔的学术视野和厚实的知识储备，要谨记：不谋万世者，不足谋一时；不谋全局者，不足谋一域。要用大视野去研究小题目，而不要用短视距去讨论大问题。

缺乏自知之明和缺乏选题经验是造成选题过大的主要原因。艺术专业的研究生曾写过这样的毕业论文，《艺术表现中的感觉》《论油画创作中的民族性》《德国新表现主义绘画的文化身份问题》等，这些论文题目如同理论家的专著论题，明显内涵庞大、理论艰深，如果由一个尚在求学的学生来完成肯定显得勉强、力不能逮。

不过，如果一个大选题后加了副标题，情况就会不一样了。如《解构主义在服装设计中的应用研究——以亚力山大·麦昆（Alexander McQueen）的服装设计为例》。解构主义在服装设计中的应用研究所囊括的范围很大，但副标题将研究的对象和目标聚焦在亚历山大·麦昆的服装设计个案上，使论文的研究在一个相对具体的或特定的范围内进行，就让选题变得比较实在，具有研究的亮点。采用副标题对论文的主标题加以说明和限制，是一种避免选题过大的好方法。

还有一种情况也会造成题目过大，即未对选题进行具体化。一篇论文需要有自己的具体研究问题，论文写作者围绕研究问题深入展开论述。然而通常情况下，选题在最开始往往只是一个大概方向，处于较为笼统的状态，因此，写作者需要从特定角度入手，结合理论与经验，将选题进一步具体化。如果缺乏这一步具体化操作，那么论文就很容易出现"题目过大"的问题，陷入大而无当的困境，流于肤浅，缺乏专业性。

我们可以通过下列方法或策略将选题具体化。首先，明确选题中相关概念的具体含义，明晰它们之间的异同。其次，思考以下问题，即这项研究的问题是什么，也就是说我们通过研究想知道（who、when、where、why、what、how 中的）什么。最后，将研究选题具体化需要查阅文献，查看与自己选题相关的研究都有哪些，这些研究具体研究了什么。然后考虑自己的研究可以如何学习并推进这些已有的研究。当然，无论在选择选题还是选题具体化的过程中，多与指导教师、周围的同学和朋友进行讨论是大有裨益的。一方面，向别人说明自己的想法，可以帮助自己进一步思考；另一方面，也可以参考别人的反应或者意见，对自己的选题进行修改。

在将研究选题具体化时，有两种操作方法可以采用。

一种方法是进行写作练习。可以定时 5 分钟，然后针对研究选题开始写作。想到什么写什么，内容越多越好，可以从任何喜欢的观点开始。例如，我们的研究选题只有一个粗略的方向，但又想做一个跟当代中国家庭艺术教育有关的研究，那么，进行写作练习时，可以考虑从自己所接受的家庭艺术教育开始写，这样会更容易些。从哪儿开始或者写什么都不重要，因为这一写作训练主要是为了促进我们的思考。在写完后，通读写的内容，看看自己写了什么，想想为什么会写这些。

另一种方法是画蜘蛛图。在一张 A4 纸的中央写上目前的研究选题，然后分析这个选题可以从哪几个方面进行讨论，每一个方面又可以有哪些层次或者有哪些不同的看法。以这种方法画下去，就会形成一个蜘蛛图。蜘蛛图画好后，我们对这一主题现有的了解也基本都反映出来了，仔细地看看蜘蛛图，思考哪一部分是自己可以开始进行研究的，这样也有助于将模糊的研究选题具体化。

（四）非本专业范畴

这一问题是专门针对学位论文，也就是毕业论文来说的。

如上所述，毕业论文具有学术性和专业性，是阐述学科专业问题的学术论文。即使涉及其他学科专业，也要以本学科专业为主，以解决本学科专业的问题为最终目的。这是学位授予条例规定的一条不可超越的"红线"。

有的艺术专业的学生在选题时不注意学位论文的这一"红线"，而仅仅依据自己的爱好、兴趣以及好写与否来选题。例如，油画专业的学生去写国画的论文，国画专业的学生去写设计的论文，雕塑专业的学生去写摄影的论文，等等。当然，这些不同专业方向的选题与整个艺术概念上的专业性都有关联，但是，如果在论文的写作中不联系本专业的内容，不用本专业的理论和术语，不涉及本专业的艺术实践等，或空谈、奢谈其他专业的研究内容，或隔靴搔痒，浅尝即止，实在让人怀疑写作者的论文究竟是否出自自己的学习和实践经验，是否自己亲手所写，论文是否具有可信性。

学位论文的选题首先应该来源于本学科、本领域，建立在学科专业的知识理论系统上。进一步看，一个富有问题意识和创新潜力的选题，往往需要对选题领域进行深思、细究、详考；熟悉学科发展和评论的高度，并熟悉其发生发展的历史、现状、热点、难点以及一些前沿性的话题；领略过学科专业的一些基本的学术研究方法和研究角度。如果在不属于自己的学科专业范畴选题，就不可能获得写作灵感和保证写作质量。

当然，我们也要意识到，学位论文选题虽然要立足本学科领域之内，但并不意味着只能写该领域内的内容，而应在本学科内容的基础上，紧跟时代，开放多元，进行一些跨学科、跨专业或更高层面的思考和研究。要牢记，符合时代需求的、有新意的选题是论文写作成功的重要前提。

五、选题方向来源

研究选题的来源有很多，但主要可以归结为两个方面。一方面是专业学习。在专业学习过程中，或者通过学习理论，或者通过实践，对某一方面产生了兴趣，希望对此进行研究。另一方面是日常生活。或者通过个人经验，或者通过阅读媒体报道，发现了自己感兴趣的选题。

下面，我们对选题来源进行更为具体的分类梳理。

（一）从学习中来

对于艺术专业的学生而言，无论是平日里的课堂学习，还是艺术实践，都为自己提供着丰富的知识"养分"。在汲取这些知识、不断提升自身专业能力的同时，我们会发现，有些问题特别能吸引自己的注意力，让自己忍不住想深入探索、继续分析。如果我们能够及时将它们记录下来，并在课余时间加以研究，那么自然而然就能得到一个不错的选题。

常言道，学无止境。即便已经完成学业、离开校园，我们仍可以在平日的学习中多加留心，将那些自己感到好奇、有意向进行研究的问题做好标记，也许它就是我们下一篇论文题目的不二之选。

（二）从工作中来

对于步入工作岗位的人来说，最为熟悉的大概就是手头的工作。有的人觉得日复一日的工作十分无聊，可有的人却从"无聊"中看到了突破与革新的机会。立足于我们最熟悉的领域寻求创新，恰恰是论文的选题之要。

在撰写学位论文的时候，绝大部分同学已经开始着手准备找工作，甚至已经进入单位实习，这也是将所学理论与实践紧密联系的大好机会。因此，不妨从工作内容中细细思考，或许就能找到自己所需要的选题，获得意外之喜。

（三）从自身的经历和特长中来

每个人身上或多或少都有特长之处，我们大可以将这些特长与所学学科的某些问题研究相结合，甚至可以进行跨学科研究。同时，如果我们有一些比较独特的个人经历，也可以结合这些经历寻找合适的选题。比如，一名写作者有着支教的经历，其在写论文的时候，就可以结合自己的支教经历寻找研究选题。再如，上海大学博士王磊光写的一篇文章《博士回乡手记》在网络上收获很高关注。文中他以社会学的视角看待乡村社会转型的隐痛，并进行剖析。正是因为作者有切身体会且具备学术视角，所以能把这个现象研究得更为深刻。

（四）从身边的各种资源中来

我们要学会利用身边各种资源，如单位资源、学校资源、人脉资源。以学校资源为例，不管学生在哪所学校就读，它都是最好的资源。每个学校都有它的特色专业和比较强的学科。如果学生就读的学校是政法类高校，就会有很多法律方面的资源；如果就读的学校是民族类高校，就可以做很多与民族研究相结合的课题；如果读的学校是西部某高校，就可以研究西部地区存在的一些现实问题……当然，如果学生就读的是专门的艺术类院校，那么有关的艺术资源更是源源不断。

（五）从偶然的灵感中来

灵感也叫灵感思维，是指瞬间产生的富有创造性的想法。灵感并非无中生有，这其实是与长期的学术训练、跨学科学习和深度思考分不开的。

很多人在撰写论文时，总会抱怨没有思路、没有灵感，不知道写什么。其实，主要原因在于看的文献或者论文不够多，对这个选题领域的了解还不够充分。

此外，灵感很多时候来源于我们喜欢的一个人或一件事。最近几年，网络综艺越来越火，研究网络综艺的论文也越来越多。其中很大一个原因是大家被这些节目吸引了，也因此迸发出许多灵感。

灵感具有偶然性，稍纵即逝，所以在日常生活中我们也要养成习惯，如果有好的想法、好的创意，及时用笔记在本上，或者记在手机备忘录上。这样等到有时间的时候，就能拿出来好好梳理，也许下一篇论文的选题就藏在其中。

（六）从艺术实践的感悟中来

这一点是特别针对艺术专业论文而言的。

如前文所述，艺术专业的论文可以写作者自己的艺术实践和艺术创作。选题的范围可来自包括各门艺术课程的学习，或者来自艺术创作的过程，或者来自一次讲座、一次考察、一次观展、一次工作实习或教学实习，那些日积月累的收获和感知，或者迷茫与困惑，都可以点燃一种渴求表达的写作欲望，成为论文研究和思考的主题。

不过，来自写作者艺术实践的选题，还将考量写作者"艺术实践"本身的分量和价值。论文不是微博发言和札记，只要是自己经历过的、觉得有点意思的都可以写。学术论文内容要有学术研究的内涵和价值。如果选题以自己的创作为研究对象，那么，应该想想，自己的创作究竟是怎样一个水平或怎样的一个过程？自己感兴趣，别人也感兴趣吗？讨论研究的意义和价值何在？

如果确实认为自己的艺术实践、艺术创作值得去研究和描述，选择其作为论文的选题，除了写作态度要坦诚、反映真实情况以外，还要特别注意不能仅是个人艺术经验和心得的感性化描述。我们务必要将个人的创作随感上升到理论层面，要去做理论分析和规律的总结，要让那些具体的、偶发的、个人化的东西有个说法，寻找到理论的支持。一篇学术论文，即便是创作体会，也要充满理论色彩，表现出学理价值。

俗话说，从血管里出来的都是血，从水管里出来的都是水。论文也是写作者的一面镜子，可以很好地反映出写作者的专业创作能力、专业基础知识储备和在专业实践上的付出与收获。如果写作者对本学科的知识没有足够的了解，专业实践能力较弱，收获不够，这样的实践性选题就很棘手。特别是对于艺术专业的学生而言，在校期间应该积极进行艺术学习和创作实践，积极参加艺术活动，包括听讲座、看画展和参加一些艺术沙龙、研讨会等。坚持写艺术心得和读书笔记，撰写短小的期刊论文，学会用文字的方式来表达思考，并积极参与一些社科课题和艺术课题的研究工作，积极申请可以由学生主持的课题项目，从而锻炼学术研究的基本能力。"一个不研究某一行道的人，不可能提出某一行道的问题"[①]。一个好的选题一定是给有准备的人的。

（七）在导师的指导帮助下选题

相较于很多有一定经验的学者，尚在求学的学生写论文是一件格外艰难的事。大家一开始步入论文选题阶段极可能感到无从下手，不知所措，此时千万不要忘了自己的导师能够给予自己宝贵的指导。

诚如本书第一章中所阐述的，在论文选题时，学生要向导师多请教、多沟通。在论文写作过程中，师生要勤沟通交流，实现教学互长。如果自己的导师是某个领域的专家或热衷于某个领域的研究，学生的论文选题也可以考虑在导师的学术

---

① 王力，朱光潜，等著. 怎样写学术论文 [M]. 北京：北京大学出版社，1981：59.

视野内寻找。这样，导师对学生论文查阅的资料、写作的重点和难点、论文的意义和价值就有更好的把握，在指导的过程中，也会让学生得到更多学术研究上的益处。

与导师的交流和沟通是必要的。良师一席话，常常会让人茅塞顿开。学生一定要虚心请教自己的导师，有所凭借，借力使力，"善假于物"，才能很快进入论文写作的顺畅通道。自我摸索，容易走弯路，难免尝试错误，浪费时间。当然，导师在为学生点拨迷津之外，有时也会给学生设置许多"关卡"。导师的意见有时也许有些"不好听"。在这种情况下，学生应该知道，导师常常需要扮演不同观点的评委角色，给学生的论文"挑刺"，帮学生完善论文，让论文尽可能驳而不倒，最后顺利通过论文的答辩。良药苦口，又有哪位导师不为自己的学生着想呢？有些学生怕导师对自己进行干预，也不想听到批评意见，自顾自一路写下去，这样不仅将自己置于非常危险的境地，而且丧失了一位最有力的支持者。

当然，导师也不是永远正确的。有的时候，学生也需要坚持自己深思熟虑的观点，维护自己发自内心的研究热情，要有勇气和胆略去战胜困难。相信只要论文能写好，导师就会为自己亮绿灯。导师是论文指导思想和方法论的传授者，但导师不是保姆，论文选题也不能过分依赖导师。导师也许会告诉我们论文选题的方向，甚至为我们提出论文可以选择的具体题目，但做出最后决断的只能是我们自己。对论文选题的定夺离不开写作者对自身写作兴趣和写作能力的考量，论文终究是属于写作者自己的研究。

总而言之，一个适合自己的有新意、有价值且符合论文规范的选题并不容易获得，常常需要广博阅读、殚精竭虑，不仅需要研究者具备相当的专业素养和理论眼光，还要求研究者做大量细致的工作，尽最大可能占有本领域的学术资料，包括原始历史文献、已有研究成果和大量的实证材料。"众里寻他千百度"，而要真正找到那一个最"对"的选题，还要有厚积薄发、"蓦然回首"、突破常态、豁然开朗的一瞬间。朱熹在《大学·补格物致知传》中论"格物穷理"（与事物直接接触而穷究其中之理），讲到所谓用力之久，而一旦豁然贯通焉，则众物之表里精粗无不到，而吾心之全体大用无不明矣，即表达了通过"用力之久"的长期积累，而达到"豁然贯通"的飞跃，其求知穷理的过程与我们今天的论文选题何其相似。

第四节 搜集有用材料，广纳群贤

一、材料的搜集

选定选题之后，需要做的事情是搜集材料。没有材料，就没有论文。犹如没有土地，就没有树木一样，撰写学术论文，自始至终都离不开材料。胡适在《〈国学季刊〉发刊宣言》中指出："学问的进步有两个重要方面：一是材料的积聚与剖解，二是材料的组织与贯通。前者须靠精勤之功力，后者全靠综合的理解。"[①]"积聚"就是搜集，"剖解"就是研读与分析，材料的积聚与剖解是做论文的基础，而且，材料贯穿于做论文的全过程。

如前所述，学术论文的灵魂是有创见。那么创见又从哪里来？它不是从脑子里凭空蹦出来的。要想出创见，一要靠材料，二要靠思索，材料和思索是产生创见不可或缺的两个要素，而材料更是排在第一位的要素。所以可以说，材料是创见之母，思索是创见之父。

搜集材料要力求做到竭泽而渔，就是要尽量把选题范围内的材料一网打尽。如郭沫若所说，做研究"要搜集一切资料，尽可能使无遗憾"[②]。胡适提出治学方法"四字诀"，这四个字是"勤""谨""和""缓"。他把"勤"字摆在首位，"勤"就是要做到"勤求材料，勤求证据，勤求事实"[③]。

例如，马克思为撰写《资本论》，选择侨居英国，因为英国是资本主义发生、发展的典型。他博览了自古至今的许多著作，包括哲学、历史、法学、文艺、农业等近20类图书，据不完全统计，约1500本以上。他还从资产阶级经济学家的著作、官方文件和各种期刊中做了大量的资料摘录，写满了24个笔记本。后来，在整理第二稿本时又写了23本笔记。为了能看懂各种文字的资料，他努力学习法语、意大利语、西班牙语，晚年还学了俄语。为了写好《资本论》，马克思还研究数学，断断续续达20年之久，留下了1000多页的数学手稿。恩格斯对马克思重视资料收集的情况深有所知，在给马克思的一封信中说他只要有一本认为是重要的书还没有念，就不会动笔。马克思自己也谈到过这一点，他在致恩格斯的信中说，他不在伦敦时，伦敦出版了一部关于通货史的著作，他在一本杂志上看到了对这本书的介绍，就想把这本书买来，由于书价太贵，他负担不起，希望恩

[①] 胡适著；欧阳哲生编. 胡适学术文化随笔[M]. 北京：中国青年出版社，1996：88.
[②] 郭沫若著. 郭沫若论创作[M]. 上海：上海文艺出版社，1983：130.
[③] 胡适著. 治学方法[M]. 沈阳：辽宁人民出版社，2000：26.

格斯寄点钱来。马克思写道:"这书对于我,可能没有什么新的东西,不过单根据'经济学者'所说的情形和我自己所看的摘要,而不认识全书,我的理论上的良心不允许我写下去。"① 马克思把搜集资料是否做到了完备而无遗漏的问题,提到了"理论上的良心"的高度来看待,令人印象深刻。

在搜集材料方面,我们主要解决两大问题,即搜集怎样的材料以及如何搜集材料。

(一)搜集怎样的材料

1. 核心学术期刊

选择文献一般要遵守权威性、相关性、前沿性等原则。在找到了若干篇与研究主题相关的学术论文后,要首先对这些文献进行评价和选择。可以根据论文作者的学术声望、论文的出处(期刊等级),或者通过粗略地翻阅来对文献的质量进行判断。只有那些研究质量较高的学术论文才值得花时间去仔细阅读。

期刊等级是论文专业性的一个指标,虽然好的论文不一定都发表在权威或核心期刊上,发表在权威或核心期刊上的论文也不一定都是好的论文,但查找论文文献,应首选权威或核心的学术期刊。

我们需要重点关注论文选题所涉领域的核心期刊。以艺术专业论文为例,国内与艺术相关的核心期刊有《文艺研究》《民族艺术》《艺术百家》《艺术探索》《艺术教育》《艺术市场》等。这些期刊分别来源于中国艺术研究院等艺术教育或研究机构,具有一定的学术权威性。

期刊有着广泛的资讯信息,除了刊载艺术研究的学术论文之外,还刊载艺术学科教育教学论文、各类案例、历史文献、档案资料、名人笔记、新闻报道、国内外的艺术展事和艺术作品动向等。只要我们用一双"慧眼"去识别和遴选,必定会有所发现、有所启迪。

通过这些学术期刊,我们可以了解当下学科专业重点刊物的热点议题,将自己置身于艺术讨论与研究的前沿和现场之中。当然检索文献也不能囿于本专业领域,还是要以研究的主题为准。

文献的地位并非同等。查找文献可以从定位核心文献(core texts)入手。所谓"核心文献",就是相关领域的经典、权威、标志性的文献,或是提供了新的理论角度、经验证据的文献。抓住了核心文献,理论研究基本上也就有了骨架。

---

① [德]马克思(K.Marx),[德]恩格斯(F.Engels)著;李季译. 马克思恩格斯通信集 第2卷 1854—1860[M]. 北京:生活·读书·新知三联书店,1957:377.

2. 优秀的学位论文

同样是立足论文选题所涉专业领域，首先考虑该专业名校和权威机构的学位论文。如国内的专业艺术名校、一些实力雄厚的综合大学的艺术学院和师范类院校的艺术院系都有自己的不同学科优势和艺术特色。这些院校每年都会产生大量的毕业论文，其中许多硕士以上的学位论文会在中国知网汇集。有些省市每年还会评选优秀的硕博论文，并在相关网站予以公示。所有这些论文展示出了艺术专业毕业论文的写作态势，从中，我们也能发现本学科专业在论文选题方面的冷热点，以及一些学科专门领域的发展情况。

在搜集论文材料方面还要注意以下两点。

①硕士研究生不能只局限于阅读硕士论文，相比而言，博士论文从选题到写作一般都会更讲究，更有参考价值。

②跨专业查阅一些硕博论文。查阅学位论文还应该考虑相近相邻专业的论文，如油画专业的研究生可以浏览一下建筑、国画、设计、影视、音乐等专业的学位论文，甚至进入哲学、文学、历史、民俗、心理学、教育学等领域。在这些领域中，许多学术讨论更加成熟和热闹，其中许多资讯、问题、概念都与美术相互关联和"共有""共享"。通过本专业和跨专业的学位论文的阅读查检，不仅可以打开写作视野，还可以提升论文写作的品质。由于艺术专业本身就是一个多种学科交叉渗透的学科，也由于一些创新点需要在学科边缘或交叉学科内去寻找，跨专业阅读就成为一个很不错的选题途径。

3. 理论专著和典籍

深入的理论研究常常是在一些厚重的学术专著里展开的。作为论文引文出处的文献和列于论文之后的参考文献一般应具有在相关领域的权威性、可靠性和影响力，重要的理论专著和典籍是必须寻找并关注的。如果论文没有一些经典或权威的学术专著做支撑，而只是随便使用一些普通杂志上的小论文当基础，那么，论文的写作就可能降级。

4. 一手资料

狭义的一手资料是指通过问卷、实验、观察、访谈及其他方式亲自收集的资料，也指那些未公开发表的资料、原典资料和零距离接触或写作者参与的事件资料。二手资料指公开发表、被反复采用过的资料。第一手资料或原典在论文写作中非常重要，需要特别重视。

总之，搜集材料的原则是"穷尽不漏"。大量阅读优质文献材料是论文选题的基础，只有站在由这些基础累积起来的山峰之巅才能胸怀开阔、目光高远，从而找准自己的研究目标。收集资料往往会伴随整个论文写作的始终，并不是在论文写作之初才进行。此外，查找资料时，查找要点在于权威文献、最新讨论、热点文章，同时浏览互联网上的一些艺术展事、艺术活动、学术争鸣，了解当下艺术发展的最新状态和重大事项。在查找资料的同时要注意甄别资料的价值，面对也许浩瀚无边、鱼龙混杂的资讯，没有理性和睿智的眼光是不行的。

（二）如何搜集材料

搜集材料有两条渠道，一是查阅文献，二是实地调查。前者需要"读万卷书"，后者需要"行万里路"，一定要用这两种精神来搜集材料。不过，任何选题的研究，查阅文献是绝对少不了的，至于要不要搞实地调查，则要视选题的实际情况而定。我们在这里只着重讲一讲查阅文献的几种主要方法。

1. 撒大网法

查阅文献，要从查找书目开始，要把和研究选题有关的参考文献全部找出来，这就像撒下一张大网，把有关材料网罗殆尽。查找参考文献，可谓是做学问的一项基本功。

如何查找跟研究主题相关的参考文献呢？

首先，要在专业学习过程中养成阅读习惯，并努力建立本学科的学术图景。例如，定期浏览专业期刊和学术论坛，通过图书馆和书店来关注学术书籍的出版状况，这样才能对自己所关注的研究主题的参考文献了然于心。

其次，查找文献的时候，提倡自己动手找，要有"上穷碧落下黄泉，动手动脚找东西"的精神。在进行文献查找之前要大概确定研究主题，清楚研究主题是什么、与哪几个研究领域有关，这样才能确定搜索的关键词。要特别注意的是，搜索的关键词不能停留在研究的经验现象上，而要将所研究的经验现象放到社会学的学术讨论框架中，以此确定搜索的关键词。

搜索关键词的时候，不能把范围限定得过小。比如我们要研究艺术专业论文写作问题，关键词应该是"论文写作"，当然还需重点关注一下"艺术专业"的研究，但如果只是搜索"艺术专业论文写作"，估计命中的结果会很少。关键还是要能通过对相关内容的研究，在理论上对相关领域知识的发展提出某种或某些不同于以往的新说法。所以说，文献检索的关键词其实主要还是理论概念。这当然需要研究者在结合相关理论将主题具体化为研究问题的过程中，逐步弄清楚研究问题的理论脉络，否则研究可能会很盲目。

确定了搜索的关键词后，如果对相关的学术研究完全不了解，可以先采用网络搜索的方式，比如利用搜索引擎（特别是学术搜索引擎，如 Google 学术频道）搜索，以对此研究主题的相关研究有个大致了解。也可以在专业数据库中进行搜索，特别是全文数据库，如中国知网（CNKI）、维普、万方、雅虎、JSTOR 等。中国知网可以通过点击硕博士论文—导师—导师姓名的方式搜索到某一导师名下学生的所有硕博士论文。如果想系统了解某一期刊刊载的论文，也可通过中国知网查询。用 Google 的搜索引擎查找国内外学术期刊的文章非常方便。JSTOR 则是美国收集英文学术期刊的网络系统，其中的许多文献可以免费下载。网络上还有专门的硕博士论文摘要库和全文库。这些专业数据库通常都可以在学校图书馆或国家图书馆的"馆藏电子资源"中找到。几乎每一个院校都建立有自己的数字资源下载系统，通过院校的网络资源可以享受许多免费的阅读和下载服务。重要的搜索引擎都有自己强大的搜索信息和文献的功能，写作者可以根据自己的需要进行选择。后文中，我们也会向大家详细介绍一些文献检索网站，以供参考。

另外，查阅图书馆藏书也是查找研究文献的一个重要方法。可以利用图书馆在线目录检索中的标题或主题词检索，锁定若干相关书籍的索书号。如果是开架图书馆，建议按查到的索书号到相应的书架处去浏览放在附近的书籍，通常会发现一些用标题或主题词检索时的"漏网之鱼"。

在这里要特别强调一下，虽然如今已经进入数字时代，但大家也不要忽视图书馆。一些书籍和资料在网络上根本查阅不到，网络上的阅读和下载有时也很麻烦和受限，因而我们不能完全依赖网络检索查找文献。例如，一般的在线专业数据库（特别是中文数据库）只收录了近二三十年的中文研究，而此前的研究文献（包括不在世的学术前辈们的经典作品）以及用其他语种写作的学术文献都不可能在一般的在线专业数据库中看到。虽然最新的研究需要被纳入视野范围，但艺术的中、长期学术研究的经典性成果，其重要性远大于近年发表的文章。这一点与科学研究中关注最新的科技研究动态是有差别的。此外，在专业学习中，各分支艺术学的手册或指南通常对该领域中重要研究问题的讨论都进行了综述，因此这些手册和指南都是查找特定主题相关研究文献的最佳入手点。

下面，我们来做一个简单的查找文献演示。比如，论文选题为研究艺术美，那么，就要把与艺术美有关的所有论著的文献资料找出来。

第一，通过图书渠道。首先要查阅各种书目，如《中国国家书目》《全国总书目》《中文核心期刊要目总览》等，从里面找出跟艺术美研究有关的论著的书目。顺便提一下，有的研究课题还有专门的书目，如《郁达夫研究资料索引》《鲁迅研究资料索引》。其次，从《哲学研究》《学术月刊》等各种刊物中去查找有关论文书目,各种刊物在当年最后一期都附有全年论文目录,为查找提供了方便。

第二,通过网络渠道。如前所述,网络平台是使用撒大网法的绝佳工具。我们可以打开中国知网,键入课题名称"艺术美",便可获得所有与此有关的论文题目的记录(图3-4-1)。

图 3-4-1 知网检索界面 1

左上方的菜单会把上述论文题目加以分类,分成艺术美、美与艺术、艺术审美、美学思想等类别。如果我们只对其中的"美与艺术"部分有兴趣,那么就点击菜单中"美与艺术"这一项,便可检索到若干篇论文的题目(图3-4-2)。

图 3-4-2 知网检索界面 2

2. 滚雪球法

纵使撒下大网，也很难做到没有漏网之鱼。文献资料浩如烟海，即便遍查网络与图书馆，也难免有一些书籍、文章会被遗漏掉，特别是那些含有隐性资料的书籍和文章。

何谓"隐性资料"？例如，我们所研究的课题是所谓的"科学美"，有的书籍和文章的题目就标明其跟科学美有关，如《科技美学原理》《科学美的形态特征和范畴界定》等，可以说它们是一些含有显性资料的书籍和文章。而有的书籍和文章主要不是讲科学美的，却含有关于科学美的内容，它们的题目跟科学美并不相关，如彭加勒的《科学的价值》、海森堡的《严密自然科学基础近年来的变化》等，可以说它们是一些含有隐性资料的书籍和文章。显性资料通过查书目便可找到，而隐性资料通过查书目是找不到的。但是，别人的文章引用了后者当中有关科学美的观点和言论，并且注明了它们的出处，这被注明的出处就为我们提供了新的资料。依据这新的书目，我们去把新的书籍和文章找来看，它们又有可能再提供别的新参考资料。就这样，参考资料不断地依次扩展，就像滚雪球一样越滚越大、越滚越多。

具体来说，研究某个问题时，我们可以先找到该领域质量较高、时间较新的几篇文献。阅读这些研究文献时，应特别注意通过研读这些论文的文献综述部分来了解学界对此研究主题的相关学术讨论，再通过其最后所附参考文献，查找到更多有关资料。

3. 推果及因法

我们搜集起来的材料，从它们与所研究课题的关系来看，可以分为两个类别，一类有直接的、明显的关系，另一类只有间接的、隐蔽的关系。后一类材料须通过推果及因法才能找到。许多事物之间是有因果关系的，从结果可以推出原因，这就是推果及因法的根据。气象学家竺可桢所写的《中国近五千年来气候变迁的初步研究》为我们树立了一个用推果及因法搜集资料的范例。几千年前的气象资料，可谓一片空白，如果仅依据直接的、明显的气象资料，而不从与气象仅有间接的、隐蔽的联系的事物中去挖掘、寻觅资料，想写中国五千年来的气候变化，是根本无从落笔的。竺可桢用推果及因法来搜集资料，事情就变得豁然开朗了。植物的分布跟气候有密切的关系，因而从植物分布情况的变化，便可窥见气候的变迁。于是，竺可桢从《史记》《三国志》等史书中去挖掘、寻觅有关气候变迁的资料，得到了可喜成果。

推果及因法的采用,跟思想的深刻与知识的渊博有密切的联系。思想不深刻,就认识不到某些事物之间的因果关系。知识不渊博,眼界就狭小,有用的资料摆在那里,却看不到。知识的渊博,全靠平时积累。常言道"开卷有益",大家平时要多多看书,不仅要看跟自己专业有关的书,也要看跟自己专业关系不大甚至毫无关系的书。这样做好处多多。单从为写论文而搜集资料的角度说,跟自己专业无关的书籍里可能就隐藏着非常可贵、有用的资料。

在这里,本书还要额外提示两点:其一,在查找研究文献之前,可以向老师、同学、同事或同行学者请教。在进行研究的过程中,要有与人讨论的习惯,多与他人谈论自己研究的主题及进展,这些人可能会推荐一些他们了解的相关研究。这样做可以使自己少走弯路。其二,检索文献是带有一定技术性的,如果我们对图书馆的资源及检索方式不甚了解,最好先参加一下图书馆在此方面的培训。这些知识和技能的掌握,对于我们快速找到自己需要的文献非常有助益,往往起到事半功倍的效果。

查找文献是一项需要花费大量时间的工作。在整个研究进行的过程中,都需要不断地查找和阅读相关的学术研究文献,以此确定相关研究所涉及的理论对话以及理论源流。如果文献较多,我们可以借助文献目录管理软件(如 EndNote、TabRef、NoteExpress、Mendeley 等)进行管理。这类软件可以很方便地对文献进行检索或做笔记等,与各类常见文字处理软件也有接口,可以方便地将文献条目插入文档中。平时也可以就某些研究主题进行积累、充实,形成相关主题的参考文献(bibliography)个人数据库,以后做其他研究时同样可以使用。

要注意的是,这里所说的文献与最终论文的参考文献(reference)不同,指的是在进行研究过程中参考的文献书目,即围绕某个研究主题收集的所有相关文献,有的文献不见得在最终的论文里面引用了,但这些文献可能启发了你。论文后面的参考文献指的是正文引用的文献。按照学术规范,凡是正文引用的文献,必须出现在论文后面的参考文献中,而参考文献列表中的文献,也必须是正文引用的文献。不能为了"装点门面"而列入没有引用的参考文献,也不能在正文中引用了某文献,但在参考文献列表中却没有列入。

(三)数字化文献检索一览

随着现代网络技术和图书馆数字化建设的逐步完善,现代检索文献的常用方法是利用网络技术。目前可利用的资源有万维网(World Wide Web,简称 WWW)、文件传送协议(File Transfer Protocol,简称 FTP)、电子邮件(E-mail)等。

尽管网络技术还不能或不可能完全解决研究及论文中所有资料的取样问题，但是我们学会使用网络，了解获取各类资料的方法，一定会给研究和论文撰写带来极大的便利。文献检索软件名目繁多，我们需要通过分类对其加以区分。

1. 网络资源检索

（1）搜索引擎类

谷歌（Google）是目前信息源最广的搜索引擎，百度是目前全球最大的中文搜索引擎，其他还有微软学术搜索等。通过搜索引擎指南可以找到各种搜索引擎。有些搜索引擎特色比较鲜明，在多媒体文件资源下载以及搜索视频、音乐、动漫、游戏方面各具优势。

（2）网络百科

维基百科是目前世界最大的可自由访问动态以及用多语种编辑的全球网络知识体，已在许多国家普及。中文维基百科于2002年10月24日正式成立。维基百科除了中、英、法、西、阿等大语种外，还包括闽南语、粤语、文言文、吴语、闽东语、赣语、客家语等汉语语族语言。百度百科、互动百科都是中文网络百科全书，它们收录的词条数都是千万级的，几乎涵盖了所有已知的知识领域。还有更多的百科。

（3）信息门户

这是一些单位和机构自行建立的互联网站，其目的是加速门户单位与内部员工、相关读者、客户之间的信息沟通，同时释放和存储门户单位内部和外部的各种信息，相当于门户单位在互联网上开的一个"主题百货商场"。我国典型的门户网站有新浪、网易和搜狐网等。在艺术领域，各大艺术院校和研究机构也都建立了自己的信息门户，如中国美术学院，就有国美美术学学科信息门户，其他还有中国视觉联盟、雅昌艺术网、艺术史资源导航、艺术与媒体文化数字图书馆等，不一而足。

2. 图书文献检索

以下电子图书数据库，可通过已购资源的相关单位官网进入访问地址。

（1）图书馆 OPAC

OPAC 的原意是 "Open Public Access Catalogue"，即开放的公共查询目录。20世纪70年代初发端于美国的大学和公共图书馆。随着技术的发展而演化为 "On-line Public Access Catalog"，中文翻译为联机公共目录检索系统。

图书馆的 OPAC 资源，是一种通过网络查询馆藏信息资源的联机检索系统，查询各 OPAC 的用户可以不受空间的限制，相当于读者可以自由进行目录查询。

常用的OPAC包括国家图书馆OPAC（http://opac.nlc.cn/）、上海图书馆OPAC（http://ipac.library.sh.cn）、浙江图书馆OPAC、CALLS OPAC系统（http://www.calis.edu.cn）、CASHL OPAC系统、OCLC World Cat系统、OCLC艺术图书馆目录系统（http://www.oclc.org）等。

（2）读秀学术搜索

读秀（http://www.duxiu.com）是一个基于海量学术资源的提供多载体、多类型、多语种文献整合、检索和获取服务的平台，收录了300万种图书目录信息，可对200多万种图书资料进行深度检索（全文、目次、章节、知识点），还提供原文文献传递。

（3）超星读书

1999年，超星就推出了国内第一家数字图书馆——超星数字图书馆，至今仍是全球范围内最大的中文数字图书馆，也是国内高等教育行业应用最多的数字图书馆（http://www.book.chaoxing.com/）。

超星电子图书，目前拥有中文电子图书100多万种，涵盖各学科领域，同时不定期补充更新。其网站提供图书检索功能，而且提供大量免费在线图书。超星电子图书都可以在网页浏览器中直接阅读或使用超星阅读器浏览。2011年，超星还推出了自己的移动图书馆。

（4）方正阿帕比（Apabi）数字图书

据悉，中国90%以上的出版社用方正阿帕比技术及平台出版发行电子书。全国每年使用方正阿帕比技术及平台出版的电子书超过12万种，累计发行近百万册。方正阿帕比与许多出版社合作共同推出了各类专业数据库产品，还为很多高等院校量身订制了数字图书馆。使用基于阿帕比技术的数字图书馆（http://www.apabi.cn），首次阅读需下载并安装方正Apabi阅读器。

方正电子书保留了图书的原版原貌，阅读方便，并且可以像印刷图书一样在上面做标记、记笔记。

3. 全文数据库

（1）中国知网

中国知网（http://www.cnki.net）（图3-4-3）是目前世界上最大的可连续动态更新的中国期刊全文数据库，可检索期刊论文、学位论文、会议论文、报纸、年鉴、工具书。

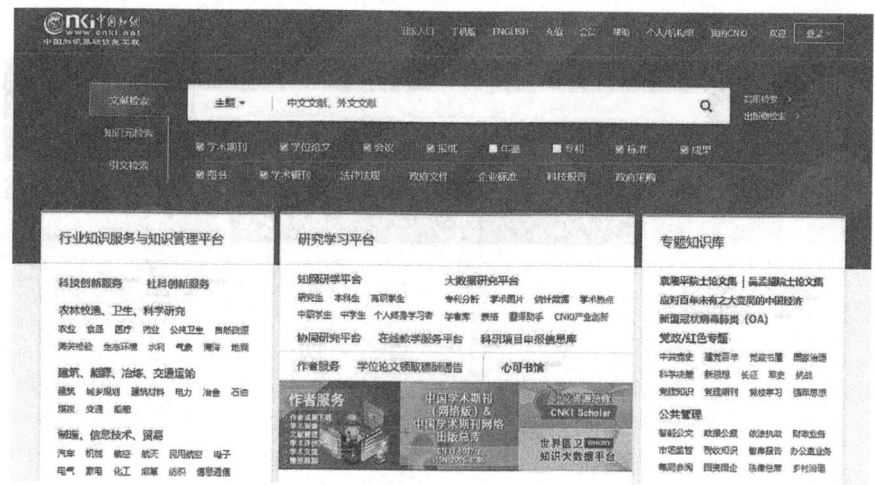

图 3-4-3 中国知网

（2）维普期刊资源整合服务平台

维普期刊资源整合服务平台（http://lib.cqvip.com）（图 3-4-4）是以收录近 20 多年来的外文期刊为主，现有期刊 1 万多种，数据总量多达 3000 多万篇的全文数据库。内容分为 7 个专辑：自然科学、工程技术、农业科学、医药卫生、经济管理、教育、科学和图书情报。

图 3-4-4 维普期刊资源整合服务平台

（3）万方数据库

万方数据库（http://www.wanfangdata.com.cn）（图 3-4-5）也称万方数据知识服务平台。它是以汇集中外学术论文、中外标准、中外专利、科技成果、政策法规等科技文献为特色的在线服务平台。

图 3-4-5　万方数据库

（4）晚清期刊全文数据库

晚清期刊全文数据库收录了 1833—1911 年间 300 多种期刊，几乎囊括了当时出版的所有期刊，拥有众多"期刊之最"。用户可通过标题、作者、刊名等对 25 万余篇文章进行检索、浏览并下载全文。

（5）民国时期期刊全文数据库

民国时期期刊全文数据库收录了 1911—1949 年出版的 25000 多种期刊，1000 多万篇文献，具有极为重要的学术价值和史料价值。该数据库采用便捷的检索服务平台，可通过标题、作者、刊名、分类号、年份及期号等对文献进行检索、浏览并下载全文。

（6）Wilson 艺术全文数据库

其全称为"Wilson Art Full Text"，是以聚焦美国、加拿大、亚洲与拉美的艺术成就为特色的全文数据库，涉及领域涵盖新生代艺术家、艺术展览评论、西方艺术与东方艺术的英文期刊、年鉴、博物馆公告，以及大量法语、意大利语、德语、日语、西班牙语、荷兰语和瑞典语艺术期刊。

（7）Arts and Humanities 全文数据库

它是以集中近半个世纪以来的艺术、设计、工艺和摄影作品，考古学、人类学和古典研究，建筑、室内设计和城市规划，历史、哲学、地理、宗教，现代语言和文学，音乐、戏剧、电影和文化研究等相关艺术与人文类期刊为特色的全文数据库。

（8）Jstor 数据库

其全称为"Journal Storage"（http://www.jstor.org），是一个以政治学、经济学、哲学、历史学等人文社会学科主题为中心，兼有生态学、植物学等一般科学性主题，涉及近 30 个领域的代表性学术期刊的全文数据库。

除上述数据库以外，还有历代书法碑帖集成数据库、方正数字报纸全文数据库、人民日报图文数据全文检索系统、台湾科学期刊全文数据库、大成老旧刊全文数据库，以及 EBSCO（艺术与建筑全文数据库）等。

4. 文摘数据库

（1）全国报刊索引

全国报刊索引集目次库、篇名库、会议库、西文库以及其他专业数据库于一体，收录 1833 年至今，超过 1500 万条报刊篇目信息，报刊数量达 15000 多种（包括港澳台地区），是目前中文报刊资源时间跨度最大、报刊品种最多的报刊数据库产品。

（2）台湾学术期刊在线数据库

台湾学术期刊在线数据库是第一家获得国家新闻出版广电总局批文许可引进的台湾期刊全文数据库，涵盖 2000 年以后占台湾学术期刊出版总量 85% 以上的文献，是目前收录台湾期刊最完整的数据库。数据形式：索引＋摘要＋电子全文。

（3）Arts & Humanities Citation Index（A&HCI）

它是全球最权威的人文艺术引文数据库，收录 1975 年以来人文艺术各领域中 1752 种国际性、高影响力的学术期刊，内容涵盖哲学、文学、文学评论、语言学、音乐、艺术、舞蹈、建筑艺术、亚洲研究、历史及考古等学科。

（4）OCLC 艺术摘要数据库

OCLC 艺术摘要数据库收录了各艺术领域专家所编纂的信息，可以检索各种各样的书目、比赛通知及奖品、会议报道、展览会名单、评论文章、采访以及影评，提供所有发表在带有索引的刊物中任何地方的艺术复制品全面的记录。

5. 图像数据库

（1）台湾故宫在线

"台湾故宫在线"的图片及文字内容，均由台北故宫博物院授权使用，是一个兼具教育推广与学术性质的数据库，收录内容涵盖绘画、书法、陶瓷、玉器、铜器、佛教文物、珍玩（文房、牙、木、骨、漆、缂绣）等。

（2）方正中国艺术博物馆图片库

该图片库收录了数十万件中国古代至今的各种形式的艺术精品图片，分为中国美术馆、中国书法馆、中国民间美术馆、中国红色艺术馆、世界美术馆、中国古代设计馆、老照片馆等。

（3）公元集成教学图片数据库

公元集成教学图片数据库（http://gytp.cnki.net）是我国第一个专为高等教育开发的教学图片数据库。目前发布了世界历史、世界地理、中国历史、当代中国、中国地理、中华民族、中国建筑、世界建筑、园艺图库、农业图库、动物图库、中国宗教、中国民俗、中华医药、中国艺术、世界艺术、中国考古、世界军事等一系列分库及专题，已辑录专业级图片20多万张。

（4）ARTstor 数据库

ARTstor 数据库（http://www.artstor.org）收录超过60个套装主题，近200万件来自世界各地的博物馆馆藏、摄影师作品、学者收藏、图书馆特藏及照片典藏，包括建筑物、绘画、雕塑、照片、装置艺术及视觉艺术设计等影像档案。

（5）CAMIO 艺术博物馆

CAMIO 艺术博物馆（http://camio.oclc.org）收录了世界各地丰富多样的艺术资料，其内容及描述均由美国最著名的博物馆提供，主要包括照片、绘画、雕塑、装饰和实用物品、印刷品、素描和水彩画、珠宝和服饰、纺织物和建筑，以及音频、视频和混合媒体资料等。

（6）美国纽约大都会艺术博物馆

美国纽约大都会艺术博物馆（http://metmuseum.org/metmedia）依据"Creative Commons Zero"（《无权利保留协议》）将其收藏的37.5万件藏品的高清图像资源免费向公众开放。

其他图像数据库还有很多，诸如 firstVIEW 时装图片数据库、KUKE 音乐数字图书馆等，在此不再一一列举。

6. 工具书与特种文献数据库

（1）CNKI 工具书库

CNKI 工具书库收录了600多部工具书，类型包括语文词典、双语词典、专科辞典、百科全书、图录、表谱、传记、语录、手册等，内容涉及哲学、文学艺术、社会科学、文化教育、自然科学、工程技术、医学等各个领域。

（2）中国大百科全书（网络版）

中国大百科全书（网络版）的数据来源于专业权威的《中国大百科全书》和

中国百科术语数据库。数据共分为哲学社会科学、文学艺术、文化教育、自然科学、工程技术五大学科领域，提供多卷检索、条目顺序检索、条目分类检索、全文检索、组合检索和逻辑检索等功能。

（3）大英百科全书（网络版）

目前EB On-line网站收录了不列颠百科公司出版的所有参考工具书，包括《大英百科全书（完整版）》《大英百科全书（简明版）》《韦氏大词典》及《韦氏同义词词典》，以及大英精选网站、大英知识博客、影音收藏、大事纪年表、全球资料分析、国家比较、经典文献、大英主题数据库等。

（4）中国学术会议论文全文数据库

中国学术会议论文全文数据库PACC收录了1998年以来国家一级学会召开的全国性学术会议及国际性会议论文全文，每年涉及上千个重要学术会议。中文版所收会议论文主要是中文，英文版主要收录在中国召开的国际会议的论文。相关的还有中国重要会议论文全文数据库（CPCD）、上海图书馆会议资料数据库等。

值得注意的是，面对大量文献，我们应该对文献的属性、质量、用途有充分的了解。如文献是直接的还是间接的，原始的还是经过处理的，基础的还是核心的。除了建立问题与文献的对应关系外，我们还要从其相关领域的中外学术期刊中再找出主要或有代表性的文献，留意其引注和文后参考文献，用回溯法顺藤摸瓜了解来龙去脉，掌握该领域的研究现状或者通过阅读与选题直接有关的经典著作，回溯相关研究的历史。一般来说，从网络下载的资料都要清楚注明网址、下载时间，以备在有必要时准确复核使用。

二、材料的阅读

材料搜集起来之后，就要依次加以研读。研读材料自有它的方法和原则，在此，本书主要阐述几方面重点内容。

（一）带着问题阅读

阅读学术研究论文跟一般的阅读活动有非常大的不同。阅读学术研究论文是为了了解学界对相关学术问题的讨论，进而建立起相应研究领域的学术图景。因此，在阅读研究文献时，我们需要有明确的问题意识，带着问题进行阅读，否则很容易看完就忘，无法有所收获。

阅读过程中需要解决以下四大类问题。

第一，这一学术论文的作者是谁？其学科背景和在学术讨论中的源流是怎样的？

第二，论文中的研究是在怎样的学术情境和社会情境中进行的？

第三，这一研究的研究问题是什么？这一研究用了哪些经验材料？经验材料是如何收集的？

第四，作者对研究问题的回答是什么？作者如何看待本研究对相关研究的推进？

阅读学术论文的时候应当带着这些问题去阅读，并努力在阅读中寻找答案。

（二）注意阅读顺序

与一般的阅读活动相比，学术论文的阅读在顺序上也有特别之处。读文学作品或者报纸杂志的时候，一般都是从开头到结尾读一遍。而阅读学术论文，从头到尾读一遍是不够的，而且这种阅读方法的效果也有限。阅读学术论文，最好先通篇浏览一遍，把握文章的整体结构。如果是学术专著的话，应该先仔细阅读专著的目录。在对这一学术专著的结构有所把握之后，可以按照一般阅读的方式，从开头读到结尾。也可以采取另一种方式，先读开头部分，然后直接读结尾部分，最后再读中间的主体部分。在读开头部分的时候，我们对此研究的研究问题、研究方法、理论源流已经有了大概的了解，然后读结尾部分，就能对作者对研究问题的回答以及作者对自己研究的评价有所把握。在此基础上再对论文主体部分进行阅读，那么就可以在了解作者整体布局和主要观点的基础上，对作者对经验材料的呈现和分析、作者的论证方法进行详细的阅读和思考。在阅读学术论文时，这种先开头后结尾最后中间的方式运用得好的话，可以起到事半功倍的效果。同时，规范的学术论文一般会在摘要部分交代作者的实质发现和核心观点，因此摘要也是迅速掌握论文思路和贡献的入手点。

阅读报纸杂志或者一般作品，通常读一遍就够了。但对于学术论文，读一遍是不够的。在把论文的各部分都读过一遍之后，需要思考一下自己是否已经能够回答上述提到的阅读需要解决的四大类问题了。如果不能完全回答，那么还需要有针对性地阅读相关部分。即使能够准确回答这四大类问题了，也还需要想想作者的这一研究有哪些重点、难点，有什么独到之处，有哪些与自己的研究有关联。对这些部分还要再阅读。总之，对于学术论文，特别是与自己研究有关的经典作品，应当多次阅读，甚至经常阅读，无论是通篇阅读还是只读自己感兴趣的部分。反复阅读经典文献，对自己的研究是大有裨益的。

(三) 粗读与精读相搭配

在阅读时,我们还需要将粗读与精读相结合。

粗读主要从阅读文献的题目或摘要上入手,有些文献的内容可以大致了解一下,知道大概讲述内容即可,避免浪费时间。但同时,我们又要在粗读的过程中,保持敏感,将有必要深入了解的文献甄别出来。

粗读可以从较为宽泛的领域中寻找到明确的研究点,而精读则是有的放矢地去深入阅读文献的内容,对资料进行研究。当然,精读也不一定是全面阅读,我们可以摘其重点和自己感兴趣的部分进行阅读,如摘要、章节目录、结论和章节内容,有针对性地聚焦问题、缩小阅读圈。

将精读与粗读结合起来阅读文献资料,能够有效节约时间,提高我们的阅读、研究效率。

(四) 做好读书笔记

1. 做好读书笔记的重要性

做读书笔记,不但有助于我们对所阅读文献的理解,而且便于以后查找。读书笔记在经过一定的修改整合后还可构成读书报告和文献综述的基本材料。

首先,读书笔记无异于一个资料储存库,便于撰写论文时随时取用。梁启超竭力推介这个方法。他强调读书莫忘做笔记,更不厌其烦地向学子们宣传记笔记的必要性和方法。蔡元培则从反面说明了记笔记的益处和必要性。他在《我的读书经验》一文中检讨了自己读书时"不能动笔"即不爱做笔记的缺点。他说,他在读书时注意到一些认为有用或可爱的材料,但往往为连读起见无暇把它们摘抄下来,到要用时想起来,几乎不容易找到了。他很赞赏胡适的读书方法。胡适出门常带一两本书,在舟车上翻阅,见到有用的材料就折角或用铅笔做记号。他猜想,胡适回家一定还有一道摘抄的手续。[1] 美学家朱光潜对蔡元培所言深有同感,他说:"须养成分类记卡片的习惯,使卡片代替脑筋成为记忆的储藏室。我自己没有养成这种习惯,年愈老记忆力愈差,临文现查资料就有捉襟见肘之苦,就日益感到卡片的重要性。"[2] 俗话说,好记性不如烂笔头,这透彻地说明了做好读书笔记的益处和必要性。

其次,做笔记还能对所读材料加深记忆,促进理解。梁启超在《治国学杂记》一文中曾提出这样的看法:"抄书便是促醒注意及继续保存注意的最好

---

[1] 蔡元培. 我的读书经验[J]. 新闻出版交流, 2003 (02): 1.
[2] 王力,朱光潜,等著. 怎样写学术论文[M]. 北京: 北京大学出版社, 1981: 42.

方法。当读一书时，忽然感觉这一段资料可注意，把它抄下，这件资料自然有一微微的印象印入脑中，和滑眼看过不同。经过这一番后，过些时碰着第二个资料和这个有关的，又把它抄下，那注意便加浓一度。经过几次之后，每翻一书，遇有这项资料，便活跳在纸上，不必劳神费力去找了。这是我多年经验得来的实况。"①想来，认真做过笔记的人都会有这样的体会：当我们抄下一段话时，如果自己对这段话不理解，便会不由自主停下笔来凝神思考。经过一番思考，就能更为透彻地理解。即使经过思考仍不理解，在我们脑子里也留下了一个问号，当再碰到第二个、第三个和这有关的资料时，我们就会把它们关联起来加以思考，这无疑会加深对资料的理解，研读比较艰深的资料时常会有这种情况。

最后，做好读书笔记会爆出思想火花，蹦出新见新意。这思想火花可能就是一粒创新性论点的种子，最终生长为一个好的"专题研究"。如前所述，我们在做笔记的时候，常常会集中注意力进行思考，而思考的过程并非是对所阅读内容的简单重复，总会加入自己的看法观点、分析研究，在观点的分析碰撞之中，灵感火花便"不期而至"。这对我们日后着手写作论文是很有好处的。

2. 如何做好读书笔记

阅读学术论文的时候，有两种做读书笔记的方式。一种是直接在论文上做笔记。比如在主要的句子下方画线，在页边空白处写一些文中的关键词句或自己的思考。采用这种做笔记的方法，可以一边读书一边做，比较节省时间，但之后进行查找会比较困难。

另一种做读书笔记的方法是用专门的笔记本来做读书笔记，或者直接用电脑编辑电子文档。这种方法便于之后的查阅，但它的一个缺点是会对阅读形成干扰，破坏阅读的总体感受。所以我们可以将两种方法结合起来，先一边读一边在论文文本上做一些简单的标记，将学术论文通篇读完后，再根据文本上的标记来做详细的读书笔记。这样做花费的时间较多，需要合理安排。总之，每个人都应该形成自己做读书笔记的习惯。

在做读书笔记，特别是用笔记本或电子设备做独立的读书笔记时，需要在记录论文整体结构的基础上，记录作者的重点论述。因此，就需要对原文进行摘抄。摘抄时要注意两点：第一，一定要注明资料出处，包括一些数据、图片、语言、观点的出处，注明此资料出自哪本书、哪一页，该书作者是谁、由哪个出版社于哪一年出版，以便将来引用时可以核对；第二，在摘抄——特别是大段摘抄——

---

① 梁启超著. 读书指南[M]. 北京：中华书局，2015：169.

之后，需要用自己的话对摘抄的重点进行概括，以强化自己对作者论述的理解。单纯的摘抄笔记是不可取的，做笔记时要记录自己的思考，这也是进行专业阅读的目的，阅读学术论文是为了促进自己的思考，而不是为了记住学者们的主要观点。因此，在做读书笔记的最后，要用自己的话，根据阅读需要回答的四类问题，概述一下所阅读文献的基本内容，并写下自己思考的几个关键问题，也可以写下自己对所抄录资料的评语，以及由此资料所触发和引起的感想和联想。如此，不仅读书笔记的方式多样化了，而且，我们同书籍作者的关系也起了变化，由单纯的、消极的倾听者变成了积极的、能动的对话者。这样边抄录边思索，收获最大，效果最好。这个过程，实际上也是消化和吸收资料精髓的过程。

此外，对于读书笔记，我们要时常加以整理，使之排列有序，便于使用。朱光潜讲的"分类记卡片"，就是一种整理方式。"分类记卡片"可有两种情形：一是直接用卡片来抄录，一张卡片抄录一条资料，然后对卡片加以分类；二是先用笔记本做笔记，再把抄录的一条条资料，分别移写到一张张的卡片上，然后对卡片加以分类。例如，达尔文的分类整理方式："我准备好三四十个大纸夹，把它们放置在书橱中贴有标签的搁板上，因而我就可以立刻把各种个别的参考资料或便条存放进有关的书夹中去。"① 总之，要把抄录的资料整理得井然有序。如此，等到做某个专题研究时，只需要把全部笔记或卡片中和这个专题有关的所有资料都找出来，聚集在一起，然后再根据专题的需要加以分类，便会对研究提供极大的方便和帮助。

现如今，随着科技发展日新月异，电脑等电子办公设备的普及为读书笔记的记录和查阅带来了极大的便利。我们可以利用软件书写读书笔记，这样整理起来也更加方便。前文提到的一些文献管理软件，如 EndNote 等，一般都支持笔记功能，还可以将所有的读书笔记进行汇总，形成个人的读书笔记数据库，便于查找和阅读。

（五）分析、批判性阅读

对学术文献的阅读应当是一种分析性、批判性的阅读，这与一般的阅读是不同的。并非所有文献——包括那些权威期刊上发表的论文——的结论都是可靠的，有的难免存在各类问题或局限性。阅读文献时，要注意论文中出现假设、结论、方法等关键词的地方。要运用所学理论和方法，甄别文献中可能存在的一些逻辑上、方法上的问题，如核心概念是否界定清楚、是否就事实和观点进行了区分、

---

① 达尔文著. 达尔文回忆录 [M]. 北京：商务印书馆，1982：91.

推理过程中有没有逻辑错误、证据的效力如何等。如果是量化研究，还要看是否满足基本的因果推论规则、样本是否具有代表性、是否存在幸存者谬误问题、测量工具信效度如何、模型使用是否适当等。

总的来说，我们在撰写论文之前，一定要注重资料的搜集。论文的写作不仅是一个梳理记忆和经验的过程，也是一个继续学习和提高的过程。如果写作论文仅依靠自己已有的一些经验和一时的头脑发热，那么论文的质量可能堪忧，面临的风险也相当高。有时，我们的认识也许很片面和肤浅，如同井底之蛙或盲人摸象，特别是对于艺术专业的学生来说，或许在学习之初对于一些艺术问题不太有深思熟虑的想法或具备质疑的眼光，大可以利用论文写作的过程，认真读几本书，把一些学术权威发表的内容研究一下，也看看其他人想了什么、做了什么，这样才能更清楚自己应该如何判断、如何说话、如何坚持自己的观点。通过阅读，我们可以学到许多知识，得到许多启迪，也可寻找到论文研究的成熟平台。当年牛顿发现了万有引力定律，大家纷纷恭维他的科学成就时，他说，如果说自己有一些学术成就，那是因为站在巨人的肩膀上，所以比巨人高些。站在别人研究的基础上，才能从事更高层次、更有价值的研究。

"他山之石，可以攻玉"。我们需要特别关注在自己选题的方向内其他人研究的基本情况，包括一些不同的观点和争论。知己知彼，只有熟悉了别人，才不会在别人已经研究很多、很成熟的情况下，去重复别人走过的老路，甚至低端重复而浑然不觉。同时，也要有批判意识和问题意识，不能一味地肯定自己的研究对象或为自己预设的论点单方面地收集信息。客观地、科学地、立体地、实事求是地看问题与研究问题十分重要，就如我们面对优秀的艺术作品时，"鉴赏"就比"欣赏"更值得提倡。

三、材料的使用

搜集材料，多多益善；使用材料，百里挑一。搜集材料，求全；使用材料，求精。

关于这两者之间的关系，著名作家茅盾有一番生动而精彩的论述。他写过一篇专谈如何收集与选用材料的文章。他认为，收集材料不外乎两个方法：尽量采集凡与题目有关的材料，又十二分严格——几乎吹毛求疵般选用这些材料。他打了一个贴切而有趣的比方说："采集之时，贪多务得，要跟奸商一般，只消风闻得何处有门路、有'货'，便千方百计钻挖，弄到手方肯死心……选用的时候，可就要像关卡的税吏似的百般挑剔了，整整一卡车的'货'，都全要翻过身来，硬的要敲一敲，软的要扣一把，薄而成片的，还得对着阳光照了又照——一句话，用尽心力，总想找个把柄，便扣下来，不让过关。"①茅盾讲的是作家收集与选用材料的方法与态度，这些话对学者也完全适用。

使用材料应依循以下几个要求。

（一）真实

搜集材料时要辨别真伪，使用材料时务必用真实的材料，切莫让虚假材料蒙混过关。使用真实的材料，这是第一位的要求。因为只有真实的材料才有可信性，才有说服力，才能永远立于不败之地。使用虚假材料往往源于两个原因，一是由于失察，二是有意为之。失察是不知材料为假而误用，这是学风不够严谨的问题。有意为之，则可以肯定是出于某种不可告人的目的。虚假材料终究要被戳穿，到那时，以虚假材料为论据的观点就轰然崩塌了。

在遵循使用材料务求真实这一要求时，有一种情况须稍加留意，即传说并不是事实，因此，传说不能当作事实材料使用。有一位作者就犯了这一错误。他否定如下这样一种观点，即语言是人类发明出来的一种进行交流的工具，而认为语言产生于原始巫术活动，是一种魔法符号，拥有魔法和神秘的力量。他所举出的、用以证明其论点的论据是一个传说。他写道：大家都知道，传说中国造字的人是仓颉，史书上说，仓颉造字后，"鬼神为之号泣"，说的就是文字的魔法。且不说作者所持的语言产生于原始巫术活动因而具有魔力的观点，并非如他所说是一个"事实"，顶多是一个未经证实的假说，单论把传说当论据用就很成问题。"仓颉造字，鬼神为之号泣"，仅仅是一个传说，并非事实，因而是不能作为事实材料来证明文字具有魔法的。因为，传说中的人物并不是历史上真实存在的人物，另外，"仓颉造字，鬼神号泣"，更是一种幻想而绝非事实。怎能把幻想当成事实来证明文字具有魔法呢？

（二）切题

我们所选择、使用的材料要切合论点，它应是证明论点所必需的，而不该是同论点不相符合或游离于论点之外的。胡适指出，作为论据的材料必须具备两个条件：真实性和相干性。②所谓相干性就是要切题。例如，《中国大百科全书》军事卷有"毛泽东"条目。该条目由军事科学院起草，胡乔木审定。原稿中有一些

---

① 茅盾著. 茅盾全集 第22卷[M]. 合肥：黄山书社，2012：364-365.
② 胡适著；欧阳哲生编. 胡适学术文化随笔[M]. 北京：中国青年出版社，1996：124.

与军事无关的内容,如毛泽东早年的一些经历及《论十大关系》等文章。胡乔木把与军事无关的材料删掉,增加了与军事有关的材料,如《论持久战》《中国革命战争的战略问题》。这样一来,这个条目就变得内容充实且干净利落了。

(三)典型

典型,即具有突出的代表性。典型事例,即最能说明事物的本质和特点的事例。典型事例不仅能以最大的力量证明论点,而且能给人以鲜明的印象,令人难以忘怀。我们在选择材料时,可能同时有若干材料都可以使用,这时就要做出取舍,选择那些更具典型意义的材料,以增强论证力度,让论文论点变得更加鲜明、突出。

(四)孤证问题

孤证,即仅此一例、别无同类的材料。论文中使用的材料之所以能够"以一当十",是因为在这"一"的背后,有几十甚至上百条同类的材料存在,支撑着这个"一"。如哲学家张世英所说:"在写出的论文背后,还应该有未写出的东西做'后盾',后盾越强,文章也就越扎实,越有分量。"①

孤证就是没有后盾的材料。论文中用孤证是一个忌讳。对孤证应该采取什么态度呢?梁启超指出:"孤证不为定说,其无反证者姑存之,待有续证则渐信之,遇有力之反证则弃之。"② 在此,本书试举一例。爱因斯坦为什么比一般人聪明?这是人们普遍关心的问题。加拿大科学家对爱因斯坦的大脑进行了解剖研究,发现他的大脑的"回间沟"比常人短,他的大脑的顶叶则比常人宽了15%。到目前为止,这种脑部形状并未在其他人脑中发现。这两个异常之处有可能解开天才大脑之谜。但是,进行这项研究的科学家十分谨慎,该项研究的领导人桑德拉·威特森认为,虽然这一发现非常有趣,但还不能说已形成定论。人们以前往往强调环境对一个人脑部发育有重要作用,这一结果告诉人们环境并不是唯一因素。哈佛大学的弗朗西斯·比尼斯博士对这项研究发表评论,他认为在解释这一调查结果时应谨慎,应该对一群天才进行比较后,再下结论。但这一发现还是意义重大的。这些科学家的做法是完全正确的,他们重视这个孤证,但是避免从这个孤证去得出结论。

---

① 王力,朱光潜,等著. 怎样写学术论文[M]. 北京:北京大学出版社,1981:65.
② 梁启超著. 清代学术概论[M]. 北京:东方出版社,1996:41.

第五节 勾勒论文提纲，朗若列眉

一、论文提纲的重要意义

提纲，也被称为论文的"大纲""框架"，是论文的结构。在论文中，结构是其论证过程的框架，论文的主题确定后，我们需要通过搭建结构将主题表达清楚。论文的结构犹如人体的骨骼，结构美也就是所谓的骨架坚挺。一篇优秀的论文要有与主题相契合的结构，且确保逻辑严密。在现实生活中，诸多作者的论文缺少结构设计，动笔时便直接堆砌语言。然而，"忽视结构"可谓是灾难性的。试想，如果没有了骨骼，那么一个人的状态将会如何呢？

论文的提纲与具体结构互为一体，从论文写作来看，结构对于写好论文，居顶领之功。

国际关系学者肯尼斯·华尔兹在《国际政治理论》一书中着重强调了结构的重要性。虽然其所强调的结构并非一般意义上的结构，但对于学术论文而言却是异曲同工的。结构是论文的重要组成部分，而结构主义则是一种思考方式，不仅对于学术论文的写作，对于个人的思维铸造也是重要的。

具体来说，提纲就是论文具体而微的模样，是论文写作的路线图。有了提纲，论文写作就会完成得比较顺当。提纲确定之后，按照提纲写成论文。虽然论文也需要修改，但是可以避免太大的周折以致推倒重来那样严重的情况出现。倘使不编写提纲就贸然动笔，可能会出现这样的问题：重要的内容没写进去，或者没写透，不重要甚至与主题无关的内容却写进去了，而且写得很多；整篇文章思路不清，逻辑混乱。在这种情况下进行修改，就需要对论文做伤筋动骨的大手术，会花费更多的时间、更多的精力。再有，几万字乃至十几万字的论文绝不可能一挥而就，常要断断续续写上几个月，乃至一两年。期间杂事频出，常常迫使我们不得不停下笔来去忙别的事情，而且一停不止三日五日。写文章最怕被打断思路，因为思维的连续性遭到破坏，不但有碍于文气的畅通，而且会延宕写作的进度。有了提纲在手，就无思路被打断之虞了，因为提纲已经把全文的思路从头到尾贯通了，停笔之后，任何时候续笔都可以马上把思路接通。

二、论文提纲的总体要求

具体来说，在勾勒论文提纲时，我们要注意以下两部分内容。

(一)论文提纲要结构完整

论文提纲,也就是论文总体的结构,如前所述,主要包括绪论、本论、结论,本论又包括论点、论证、论据。论点分大论点和多个小论点,构成论文各章节。写作者根据论点需要组织和剪裁取舍材料,然后将其从头到尾与论文主旨、核心命题巧妙连接,总体结构要求脉络清晰、组织周密、有曲折变化、详略得当、首尾呼应,整体连贯统一。

如果论文提纲在结构上不够完整,存在缺漏,那么最终所写成的论文也一定是不完整的。无论是缺失了绪论、本论、结论,抑或是论点、论证、论据任一方面,论文都将失去它的科学性、准确性、逻辑性,自然也失去了其应有的价值。不管我们文章内容写得多翔实,依旧无法弥补根源处的弊病。

因此,我们不仅要在撰写论文正文内容之前勾勒出提纲,还要将提纲勾勒得细致、完整。有的写作者认为写提纲就是简单想想思路,看似完成了提纲,实则敷衍带过,潦草地写上一写就算"完事",这种糊弄的做法是无法发挥提纲效果的。唯有拥有了结构完整、逻辑合理的提纲,在实际动笔书写论文时,我们才能拥有更为清晰的思路,也才能确保整篇论文逻辑完整、内容充实,确保论题清晰、论据有力、结论准确。

(二)排兵布阵要有逻辑性

当然,周全考虑论文的框架结构,目的并非只是在形式方面追求完整,主要还是要求结合论文内容,从研究过程和逻辑表述角度思考怎么布局、怎么使用材料、对象是谁、先写什么、后写什么、如何开头、怎么写、采用什么方法写、哪里详写、哪里略写、重点放在哪里、如何过渡、如何承接、如何收尾,从而达到来有交代、去有归宿、一脉贯通、衔接无缝的效果。这就需要论文提纲"排兵布阵"具有逻辑性。

论文的提纲既关系论文的开篇布局,也有助于内容条理化,凸显新观点、明晰研究过程。为此,必须事先做好材料和证据的准备,就像裁布缝衣,先是从大的研究方向里找出有用的材料,再将这些材料结合观点一一对应整理。针对材料复杂、头绪多、观点不明确的情况,我们在整理大量材料时,必须要围绕一个中心论点或问题来整理它们。其整理目标应该是让自己说得清清楚楚,让外行人看得明明白白。而在将这些材料具体用在论文里时,一定要注意不能因为分别使用而忽略了它们的内在联系,必须抽丝剥茧,遣词造句要多注意从穿针引线的方面去思考,做到有条理、有根据,还要进行比较、分析,尽量避免表述中出现模棱两可，或是前后不一致的自相矛盾。

论文结构的搭建方法，多以论文主旨或核心命题为主线，以篇章节名称构成框架。大致步骤如下：首先确定概念，草拟标题，写出总论点；其次考虑全篇总体安排，考虑从哪几个方面或以什么顺序来阐释概念、解决问题，采用什么样的技术路径，如何多角度分层次论述论点；再次是在各章节内部安排下位概念和分论点，最好同时定出各章节的关键词；最后依次把准备的材料对应到相应的章节内，以便具体撰写时使用。总的来说，章节条目之间的结构关系应该做到层次清晰、段落分明，它们之间的过渡、照应应该前后连贯、气脉畅通。同时还要在统一中求变化，体现突出主题的需要，体现事物内在发展规律和外部联系的需要，体现出学术论文的研究性特点。

从逻辑性角度出发，论文主要有以下几种基本的结构方式。

1. 并列式

论文所要论述的几个问题或方面，并无主次或轻重之分，它们各自独立，互不相属，它们之间是并列的关系。对这几个问题或方面——进行论述，论文的结构方式就呈现为并列式。例如，张岱年的《中西哲学比较的几个问题》一文，从五个方面对中西哲学进行了比较，包括：①中西思维方式的异同；②中西本体论的异同；③中西哲学根本范畴的异同；④天人关系与主客关系；⑤中西人生理想的异同。显而易见，这五个方面是并列的关系，如此，排列结构可谓一目了然。总的来说，并列式陈述属于分而论之，它是通过先解决构成核心问题的各个分问题、不同侧面，最后明确论文主旨、解决核心命题。

2. 递进式

论文所论述的几个问题之间的关系，从意义上说是前后勾连、层层递进的关系。递进式陈述在论文中的表现形式，大体是提出问题、叙述现象、分析原因、找出症结、解决问题。章节条目之间的关系为逐层深入、各层环环相扣、不断递进，在将问题的论述逐步引向深入的同时，引导读者由浅入深、由表及里、由因到果、由果溯因，如同解剖麻雀、竹笋剥壳或是抽丝剥茧般阐明核心问题。

例如，周谷城《评没有世界性的世界史》一文，由三个部分构成。首先，通过对西方资产阶级学者所写世界史内容的分析，指出这些世界史是"以欧洲为中心的世界史"，从而为这些史书定了性。其次，以事实为根据，指出"世界史不应以欧洲为中心"，这是对前述世界史的否定。再次，历陈两次世界大战之后，以苏联为首的社会主义阵营的出现，以及亚、非、拉民族解放运动的兴起，引起了"欧洲中心的动摇与我们的希望"。这三个层次从意义上说，层层递进，一气贯通。

3. 主从式

文章开头就把本文内容的要点开列出来，之后把这些要点逐一展开，详加论述，这就是纲举目张式的结构，也被称为"主从式"。毛泽东的《实践论》就取这种结构方式。文章开头就指出马克思主义认识论的两个基本观点：①社会实践是人的认识的基本来源；②只有社会实践才是人们对于外界认识的真理性的标准。之后文章分析和论述了认识过程中的两个阶段即感性认识和理性认识以及这两种认识的辩证关系；论述了理论须回到实践中去，受到实践的检验；论述了认识须随着社会实践的发展而发展；论述了相对真理与绝对真理的关系。这些论述都是紧扣着上述两个基本观点来进行的。

4. 混合式

一篇论文含有两种及以上的结构方式的，就是混合式。以谢龙的《比较哲学的方法论问题》为例，该文由四个部分组成：①比较哲学促进哲学反思与创新的宗旨；②比较哲学多层面的研究模式；③以具有民族特质的哲学为坐标；④哲学坐标和实践坐标的关系。前三部分分别讲比较哲学的功用、研究模式和坐标，它们是并列关系；三、四两部分由哲学坐标延伸到实践坐标，这是递进关系。所以这篇文章包含两种结构方式，为混合式。混合式陈述适用于篇幅较长、容量较大、涉及面较广的论文撰写需要。它既要注意到纵向的逐步推进，又不能忽略横向的相互联系，大小概念以及叙述、议论和说明等表现形式，时时会穿插进行。因此，必须做到精心组织、合理安排，才能使结构严密无隙、有条不紊。

当然，论文的结构方式不止于本书所列举的几种。从以上例子我们对论文结构可以得到如下几点认识：其一，论文的结构多种多样，可谓"定体则无，大体则有"。其二，一篇论文只要内容完满有序而非杂乱无章，总会找到合适的结构方式来表现。其三，一篇论文应取何种结构方式，完全取决于论文的内容，而不能由作者事先决定，也不能凭作者的喜好而定。其四，各种结构无优劣之分，一篇论文的结构，只要是能把论文的观点充分地、有条有理地表述出来，这个结构就是适宜的、好的。

三、论文提纲的具体编排

提纲写什么？怎样写？如果要用高度概括的语言来回答，就是两句话、八个字，"捋顺思路，列出要点"。每篇论文总归有多项内容或者多个论点，要用简短的语词把它们一一开列出来，并且根据它们之间的内在联系，安排好它们呈现的先后次序。论文提纲需要反复推敲、字斟句酌，以达到对写作内容高度凝练准确的表述。主题目与章节题目之间需要密切关联，从章节目录到正文叙述都要讲究条理和层次，段落之间不能各自为政、衔接松散，需要一个有利于展开问题、有序推进论证的章节构架。论文的论述过程是以分论点围绕中心论点阐述的方式来层层展开的，每一步都有自己的范围和要解决的问题，每一步又要有前后的连接和呼应，要步步到位，环环相扣，以求有理有序地接近和揭示论文的中心论点。

下面，我们来阐述论文提纲的具体编排方式。

（一）标题式

用单词、短语或短句把所要论述的内容简要地表述出来，文末不加标点。陈寅恪《晋南北朝隋唐史研究备课笔记》之"提纲"，就是标题式提纲的一个范本[①]，如图 3-5-1 所示。

民族篇
 甲、五胡之乱　其前因与后果
 乙、六镇之乱　北朝隋唐统治者之种姓问题
 丙、唐代藩镇及后唐汉晋皆外族
文化篇
 甲、道教
  一、道士之夷夏论
  二、道教与禅学
 乙、佛教
  一、鸠摩罗什以前之佛教
   （一）法雅之格义
   （二）道安之经录
  二、鸠摩罗什以后之佛教
   （一）涅槃经之影响
   （二）天台宗之教观
   （三）禅宗之依托
   （四）宗密（密宗？）之融通学说

图 3-5-1 《晋南北朝隋唐史研究备课笔记》提纲

在一般情况下，大纲是作者写给自己看的，是不会公开发表的。不过，对于篇幅较大的论文，作者为了让读者能看清论文的眉目，往往会列出目录，把它放在正文前面，实际上这就是论文的标题式大纲。

（二）提要式

用完整的句子把论点陈述出来，并标明用什么论据，这种写法乃是第一种写

---

① 陈寅恪著；陈美延编. 讲义及杂稿 [M]. 北京：生活·读书·新知三联书店，2002：34-35.

法的进一步细化与扩展。达尔文谈到了他在编写大纲时由第一种写法进到第二种写法的情形,他写道:"我在自己著写的几部书中,曾经把大量时间耗用在一般材料的整理方面。起先,我在两三页稿纸上写出最粗略的提纲,接着把它扩充为几项较长的纲要,用不多的词句,甚至用单词,去充当整个论断或一批事实。我开始用扩展形式写作以前,先把其中每个小标题再扩大一些,而且时常把它们更换成新词。"① 此处所说"最粗略的提纲",当指标题式的;"把它扩充为几项较长的纲要",就是逐步使之成为提要式的。

在论文写作过程中,随着新材料的不断发现,以及思考的不断深入,原有的观点不可避免地会有所变化,或有所提升,或有所修正,这种变化要在大纲中反映出来,因此就要适时地修改大纲。大纲就是论文写作的路线图,对此要有足够的重视。

总结而言,提纲的编排要花大力气,不能一蹴而就。有时章节的安排和调整会伴随论文整个的写作过程。论文写作本身就是一个不断廓清思路、升华认识的过程。散乱的章节将会给论文写作带来严重问题,相应的例子举不胜举,这是不得不引起大家高度重视的写作前置部分。

此外,还需要注意的是在提纲的建构中就要显示出论文的论述重心。具体到目录标题中表现如下:①承载论述重心的章节一般应该显示三级标题,其余部分的章节则可以只有二级标题。②论文论述的重心一般放在章节目录的中间部分。

不同的论文选题,会有不同的提纲编排。但是同一论文题目,如果由不同的人去写,也不会出现一模一样的提纲。论文章节安排当然不只是一个逻辑问题、技术问题,还关乎写作者的个体情况,譬如对文献研究的深度、专业知识学养和创作能力、学术的敏锐程度和学术理论观点、研究的方法论等。因此,论文提纲的编排,也有一个见仁见智的情况。

第六节 充实文章内容,添枝加叶

确定好提纲之后,我们就可以将论文内容扩充进提纲之内,使论文逐渐变得"丰满"。在对论文进行"添枝加叶"的过程中,我们重点要注意以下几方面内容:

---

① 达尔文著. 达尔文回忆录[M]. 北京:商务印书馆,1982:91.

一、文献综述是论文的基石

（一）何为文献综述

在本书第二章"学术论文的结构"中，我们对"绪论"部分进行了介绍，绪论中关于"研究现状"的内容，即为文献综述。

具体而言，文献综述（Literature Review），也叫文献回顾。它是对一些研究文献的总结、分析和评价，而这些文献都是对某一特定问题的经典研究。文献综述汇报不同学者对同一问题的不同看法、不同研究取向。

写作者要注意，不要将文献综述写成二手资料的汇总。同时，用学者的研究来回答自己的研究问题也不是文献综述。写文献综述是为了了解某一社会学问题的研究进展、不同看法、发展过程，不是为自己的研究问题寻找答案，而是梳理不同学者对自己的研究问题的回答，以此明确自己的努力方向。也就是说，文献综述不等于几篇文章的内容综述，我们做文献综述要从研究问题出发，围绕研究问题来阐述各流派的看法。不是罗列每个流派对研究问题的回答，而是要让各流派之间相互对话，要有自己的综合和分类。文献综述要有写作者自己的声音，要以自己的研究问题为中心，要对各流派的贡献与不足进行评价。当然，最重要的是，文献综述要对我们的研究有用，而不只是把相关文献摆出来就"万事大吉"。

（二）文献综述的重要意义

论文，特别是学位论文，必须要写文献综述，交代研究背景、总结研究现状。它既是出于对前人研究和对知识尊重的考虑，也是为了更好地分析相关研究成果，借此发现问题、挖掘研究的价值和意义，并提出值得研究的课题。

毫不夸张地讲，文献综述是论文的基石，尤其对于学位论文来说，这一点体现得更为明显。许多学生在写学位论文时，只是将文献综述作为论文所需内容，未能深刻认识到其重要意义。实际上，如果说我们的论文是站在"前人的肩膀上"，那么文献综述即是将"前人的肩膀"具现化，通过对研究背景进行了解，充分而深刻地分析研究现状，我们才能够更好地对自己的研究问题进行回答，否则，我们的论文将如无源之水、无本之木。

因此，在我们充实文章内容时，不要着急去填充正文，首先要做的就是写好文献综述，为整篇论文奠定坚实基础。

（三）文献综述的写作方法

通过文献综述来交代研究背景，应该秉持实事求是、客观真实的态度，以开阔的科学视野着眼于历史上发表的文献情况，努力做到全面、整体地了解相关研究的水平和发展状况。具体步骤和要求如下：

1. 文献的分析

撰写文献综述的第一步就是要对文献进行分析。我们写论文时所需用到的文献可能很多，在分析文献时不要手忙脚乱、漫无目的。首先，需要从自身的研究问题出发。其次，要变混乱为有序。可以对文献进行分类，按对自身研究问题的不同回答来分类，或者按不同的分析范式（基本理论框架）来分类，也可以按不同的研究视角（如自上而下、自下而上）来分类，还可以按照不同的研究方法（如定量与定性、档案文献与田野工作）来分类。再次，整理出文献中的观点、方法、问题及所用的材料，比较分析已有观点、方法、问题、材料的异同、发表先后、相互关系以及主次轻重。最后，我们要分析研究的趋势，解释为什么不同研究会有不同结果，检视相互矛盾的证据，分析每一研究的优势和不足。

2. 文献综述的体例

如前所述，文献综述的写作，需要从自己的研究问题出发，写出自己对文献的理解和评价。要让论文综述的文献之间相互对话，我们可以转述它们之间的相互评价，或者由自己将这些文献相互对照、做出评价（优点和不足），也可使用连接词和过渡句使文献之间实现对话。

（1）文献综述的语言模式，可以分为两种

第一种是对文献的概括，常用的表达形式为"通过对……现象的研究／的理论讨论，指出／提出／论证了……的观点"。

第二种是使用转接词与转接句，如"虽然／但是""不但／而且""则／却"等，以及"研究 A 推进了研究 B 对问题 1 的讨论"这类句式。

（2）文献综述的结构，有两种不同的类型

第一种类型文献综述的第一部分是引言（用问题或概念）。在引言中，要说明我们的研究问题是什么，为什么要研究这个问题，我们要用哪几篇文献，为什么要用这些文献，并介绍后文的结构安排——先介绍什么，再如何，然后怎样，最后何为。第一类文献综述的正文围绕关键概念进行讨论。可以先介绍 A 说法的关键概念，特别是就论文的研究问题 A 怎么说。还需要介绍 A 的研究是怎么做的，以及 A 在学术源流中的位置和别人对 A 的评价，特别是 A 的长处与不足。接下来介绍 B 说法的关键概念，就论文的研究问题 B 怎么说，B 如何推进了 A（弥补了 A 的不足），B 的研究是怎么做的。也需要介绍 B 在学术源流中的位置，别人对 B 的评价。在讨论 B 的长处与不足时，可以将 B 与 A 做比较。接下来如果还有 C 说法、D 说法，也因循此例。几种说法都介绍完了，需要对以上说法进行综合讨论，分析相同、不同之处及原因。

以上是第一类文献综述的主体部分。第一类文献综述的最后一部分是结论与讨论，需要呼应研究问题，简述前面的讨论，并说明将来的努力方向。

第二种类型文献综述的第一部分也是引言，主要内容与第一种类型的文献综述类似。先说明你的研究问题是什么，为什么要研究这个问题。然后说明这个问题可以从几个层次来讨论，我们要用哪几篇文献，为什么要用这些文献。接下来可以说明一下后文的结构——先介绍什么，再如何，然后怎样，最后何为。这类文献综述的正文部分仍然应当围绕关键概念展开。先介绍层次 1 的关键概念：就层次 1，A 怎么说，A 的研究是怎么做的，A 在学术源流中的位置，别人对 A 的评价，A 的长处与不足；就层次 1，B 怎么说，B 与 A 的不同，B 的研究是怎么做的，B 在学术源流中的位置，别人对 B 的评价，B 的长处与不足；就层次 1，C 怎么说……讨论完层次 1，再讨论层次 2 的关键概念：就层次 2，A/B/C 又怎么说。然后再讨论层次 3 的关键概念，以此类推。各层次都说完了，再对以上层次进行综合讨论，分析相同、不同之处及原因。最后一部分与第一类文献综述相同，在结论与讨论中，呼应研究问题，简述正文中的讨论，并说明将来的努力方向。

（四）文献综述写作需注意的问题

前面介绍了一些写作文献综述的一般体例。从文献综述写作的实际情况来看，常出现的问题主要有如下几种：

1. 文献单摆浮搁，缺少系统整合

撰写文献综述，涉及的文献会很多。如何处理它们之间的关系，是个重要的问题。一般来讲，最好能在阅读文献的时候，纵向梳理清楚文献之间的关系，找出发展脉络；横向要按照自己的理解和分析，适当分类，合并"同类项"，概括共同点，比较差异性。写作文献综述，不是张三说了什么、李四说了什么、王五说了什么，简单罗列一下就行。文献综述不是读书卡片，它要求线索清楚，同时能体现出文献之间层层递进的逻辑关系。比如经验研究中的文献综述，可以采取倒金字塔或者沙漏型的结构。一开始就某个主题，分门别类地介绍若干不同角度的文献，可以略微宽泛些，但随着行文的展开，要逐渐过渡到自己的研究问题上，这样读起来更自然一些。

2. 仅为简单总结，缺少分析评价

写文献综述，一定要有自己的角度，体现自己对相关理论的理解，有总结，但更重要的是还要有对作者的分析和评价。因为综述文献，除了让自己和读者了解相关领域的知识发展脉络之外，一般还要有所"创新"，这就要分析现有文献有哪些不足之处，有哪些矛盾，或者还有哪些方面需要弥补。

3. 存在"两张皮"现象，缺少相应关联

文献引用很多，但跟自己具体的研究问题关系不大。之所以出现这类问题，有的是因为缺乏铺垫或过渡的行文、表述，也有的是因为理论和经验结合得不好，相互脱节，还有的是没有把研究问题界定清楚。这类问题还有一种典型的表现，就是把一些宏大、普适性很强的元理论直接套用到具体经验上来。如果研究者对这些理论理解得不够透彻，理论和经验衔接得不好，会给人生搬硬套的感觉。

4. 多为局部堆积，缺少灵活运用

作为论文的一部分，文献在综述部分相对集中一些。不过，如果所有文献都堆积在这一部分，其他部分一篇没有，结构上显得不够匀称。实际上，文献其实可以以更灵活的方式加以运用。在提出问题、分析检验、结论讨论部分，也可以将相关的文献为我所用，支持、佐证我们的分析或者主张。

5. 非专业文献过多，缺少质量保证

如我们在"材料的搜集"中所提到的一样，文献是分等级的，虽然不是所有的好文献都来自权威或核心期刊，但一般来讲，权威或核心期刊上的文献的质量相对有保证。所以，写文献综述时最好选取这类期刊上的论文。如果是著作的话，要选择经典著作、公认的权威著作；如果是译著的话，要关注翻译质量与口碑。有时出版社也可以成为选择参考著作的依据。

6. 过度依赖二手文献，缺少专业性

在"材料的搜集"中，我们已经强调过要搜集那些一手材料。在搜集材料时尚需如此，那么选择材料进行文献综述写作的时候，就更要避免二手资料的使用。能找到原著或原文的一定要使用原著或原文。如果实在找不到，但是有公信可信的二手文献源，在这种情况下引用二手文献也未尝不可。因为人们在进行文献综述的时候，肯定都有自己的角度，对原著或原文的理解也有所侧重、取舍，甚至出现信息失真或扭曲。如果研究过度依赖二手文献，不仅不能体现原著或原文的本意，还可能会出现误解，以讹传讹。过度依赖二手文献，也是研究不专业的体现。当然，与前面的几个典型问题相比，克服这个问题相对比较容易，因为过度依赖二手文献的原因往往可以用两个字概括,那就是"懒惰"。在此方面,还是需要保持必要的勤奋、认真。

7.篇幅太长或太短,缺少合理性

一般来讲,作为经验研究,文献综述在全文中应占到1/4甚至1/3的篇幅。文献综述太短或太长,都会导致论文结构不够匀称。太短说明不了问题,或者说明得不够充分。过于冗长也不可取,行文一半了还在大谈理论,不知道作者到底要干什么,容易让读者失去兴趣。

二、论点、论据、论证是论文的命脉

论文主要由论点、论据、论证三大要素严密构成。论点是论文所要表达的主题、要旨,它是论文的核心与灵魂。论点需要论据的支撑,论据是能证明论点的正确性或证明它与事实相符合的根据,没有论据的支撑,论点就不能取信于人。论点与论据之间必定有一种内在联系,只是在很多情况下,这种内在联系是隐蔽的、曲折的,因而并不是显而易见、一目了然。论证的作用就在于把存在于论点与论据之间并不显然的内在联系揭示出来。因此,论证是论文写作中必不可少的一个环节,它是证实论点的重要手段,也是知识得以确立的有力支柱。

论文以逻辑思维的方式,依据充分的事实基础去展开严谨的推理和论证,即摆事实讲道理。"论文要论"是关于论文写作最响亮的口号和原则。因此,在充实文章内容过程中,需要重点解决论点、论据和论证的问题。

(一)论点

论点就是作者的观点,是作者对所论述问题的见解和主张。论点不等于论题,论题是议论的话题。论文的标题常常只是点明了一个研究讨论的话题,论点与这个话题相关。论点是论文的灵魂,确立论点是写好学术论文的前提。论文的论点又分为中心论点与分论点。中心论点是写作者在论文中提出的最主要的观点或最基本的主张和看法。中心论点统领文章整体或者与题目吻合。论文中各章节、各层次、各段落中的中心意思就是分论点,分论点从属于中心论点并为阐述中心论点服务。一篇论文会有许多大大小小的分论点,但只有一个中心论点,所有的分论点都围绕或指向中心论点。中心论点的证明与表达,是论文写作所要完成的主要任务。论文写作的诸环节,无不围绕中心论点而展开,以使中心论点能够确立和令人信服为根本。

论文的论点有以下要求:

1. 明确

论文要明确地表示自己对某件事情、某种现象持有的观点态度,不能含糊不清、模棱两可。

2. 合理

论点要符合客观实际、合乎情理,要经得起实践的检验。有些理论的、艺术的探讨并没有什么唯一正确、合理的观点,只要在论文中能够建立起自己的逻辑链,能够自圆其说,以理服人,就可算是"合理"。

3. 严密、集中

论点的表述周密严谨,无懈可击。论点的论述要集中,一篇学术论文要始终围绕一个中心论点展开讨论,避免发生中心论点转移。

4. 深刻

不能只抓表面现象、就事论事,而要揭示事物的本质和规律,给人以深刻的启迪。

5. 有新意和有现实意义

论点不是一般化的老生常谈,也不能完全重复别人的观点,要有现实意义。论点要有现实针对性,要有理论探讨的现实意义和实践价值。

明确与合理,是对论点的基本要求,严密、集中是对论点的进一步要求,深刻、有新意、有现实意义是对论点的更高要求。论文的题目有时只是表明了论题,并不直接说明中心论点,但中心论点往往就包含在论题中。譬如《钟定强刀绘油画的技术魅力》这篇论文,其中心论点就是钟定强刀绘油画具有技术魅力。而《"窗"的图式——基于爱德华·霍珀和杜海军油画作品的探讨》的中心论点却要在论文中去寻找。

(二)论据

论据是证明论文观点的证据,包括事实材料和理论材料。事实材料包括史料、图片、数据等。理论材料包括一切理论研究的文本文献,以及名言、公理、定律和人尽皆知的道理等。论据是用来证明论点正确的事实和道理。论证的成立,离不开论据。

在本书前文"材料的使用"中,我们已经详细阐述了选择事实材料和理论材料需遵循的原则,在此不再过多赘述。只是再强调一下使用论据时需注意的问题。

1. 要保证论据的新颖

对事实论据的选择需要重新轻旧、求近舍远，起码保证没有缺失最新的有价值的研究成果。

2. 要保证论据有针对性

论据必须紧扣论点，能为论点服务，做到观点与材料的统一。不可牵强附会、张冠李戴，或模棱两可。

3. 要对论据进行引申

在引用材料作论据后不能没有自己的发言，不能依靠别人的长篇大论去完成自己的论证。一般的做法是在引用理论材料之后，紧接着就要对理论材料进行进一步阐述和推导，进而推动文章的论证。

4. 要尽量简明扼要

在选择论据时，最好不要引用繁复的材料，特别是理论材料要简明恰当。

（三）论证

论证就是运用论据证明论点的过程。有了论点和论据，接下来需要考虑的是，如何具体利用材料、组织语言去论证自己的观点。这里有两个要点：一是安排好结构；二是选择正确的论证方法。下面我们对一些比较常用的论证方法进行介绍。

1. 举例论证

又叫例证法。通过列举出确定、实在的具体材料去证明论点。论文写作应做到言必有据，准确可靠，有一分材料说一分话。

俗话说，事实胜于雄辩。摆事实，讲道理，是一种很有力且有效的论证方法。例证法是用个别事例来证明一个普遍性的结论。这里需要注意的是，所举事例必须具有代表性，而不是随手拈来的个别事实。所谓代表性，指的是不是仅此一例，而是许许多多同类事例中最突出的一个。我们从材料中提炼论点的做法必须符合归纳推理的原则，例证法所选用的事例就要从归纳推理所依据的众多事实中去选取。

2. 比喻论证

用比喻作论据来证明论点，又叫喻证法。作为喻体的，可以是真实的事件，也可以是虚构的故事。这种论证方法的长处是，使说理变得生动有趣、引人入胜。尤其对于艺术专业论文来说，使用比喻论证能使论文更具形象性、生动性。例如，当我们很难用语言对事物或理论进行形象的表述时，我们就可以借助比喻论证，使得读者能准确理解论文中所表达的内容。

3. 道理论证

又叫引证法。用理论上的精辟见解、名言警句以及人们公认的道理来证明论点。这是一种引经据典地分析问题、说明道理的论证方法。引用有两种：一是明引，需要交代所引的话是谁说的，出自哪里；一种是暗引，即不交代所引的话是谁说的或出自哪里，譬如一些为大家所熟知的名言警句等。

4. 对比论证

用存在关联但又相异的不同论据作对比，在对比中证明论点。俗话说：没有比较，就没有鉴别。只有多角度、多层面去利用论据材料才能深入论证自己的观点。对于反面事实材料应以有衬托作用为原则。正反对照、以反衬正。我们还可以通过类比进行论证，通过相近或相似的事物之间的比较证明论点。譬如，对比较接近的艺术家或艺术作品进行类比研究，以进一步阐明研究对象的特点并揭示出规律性问题。

5. 归纳论证

它是通过归纳许多事例或分论点，从而得出一般性结论的一种论证方法。归纳论证有着强大的逻辑推理力量，不能保证前提是什么，结论也一定是什么。

6. 因果论证

因果论证主要通过论点和论据之间的因果关系来证明论点。

在以上各种论证方法中，最基础、最重要的是例证法、引证法和对比法。

学术论文的论证一般包含有事实根据、前人的相关论述和本人的分析三方面的内容。在整个论证过程中应将这三方面的内容有机地结合起来。论证时除了应该清楚和自己观点主张相吻合的事实材料和理论材料之外，还应该了解一下和自己观点主张相悖的部分。俗话说"兼听则明，偏信则暗"。论文如果完全无视与自己意见相悖的主张或存在争论的部分，只顾自己一头，论文的论证也许会产生许多漏洞，经不起推敲。艺术专业的论文提倡重视实证，直面原始材料，应该像珍视自己的艺术个性一样珍视自己的直接观察和独立思考。

总之，论文写作要做到论点明确具体，论据翔实可靠，论证严密、富有逻辑性。全篇论文要形成一个有机的整体，能够驳之不倒、自圆其说。

三、章节段落是论文的主体

作为论文的主体，章节段落的重要性不言而喻，在充实文章内容的时候，我们要用心对章节段落的写作进行处理，使之充分舒展开来，没有这样那样的别扭或瑕疵，让整篇文章丰满、流畅、通顺，宛如艺术品。在填充章节段落时，我们要注意以下两大问题。

（一）中心明确

明确论文讨论的中心。不脱离中心是论文重要的写作要求。这如同绘画中整体与局部的关系，所有局部要服从整体，整体又是由一个一个相对独立的局部所构成。论文的每一章节都要紧紧围绕论文的中心论点来展开，每一章节要有自己的研究重点和范围，这样在一个章节框架内才能把该章节的内容谈清楚。"足够狭窄而具体"的章节框架定位，是实现中心明确的一个重要前提。

我们在写作过程中常见这样的情形，某一个观点或一项材料，就其本身来说，确实很新鲜、很宝贵，但是由于它会分散和扰乱核心内容，那就得忍痛割爱、舍弃不用。要知道，再好的观点与材料，如果跟论文的核心内容无关，那么它就犹如人体上的附赘悬疣，有害而无益。所以，不管怎样，局部要服从全局，跟主旨无关的材料和观点，都要裁汰，毫不吝惜。如果我们觉得某条材料确实珍贵，某个观点确有意义，那就宁可另写一篇文章。初学论文写作者，往往喜欢堆砌材料，而不善于取舍，以致形成局部膨胀而游离于核心之外的情形，这值得加倍注意。

章节中段落的写作同样遵循中心明确的原则。段落的中心意思常常在段落的首句上体现出来，即论点前置，或曰主题句前置。这是一种运用最多、最常见的结构，能够让读者找到论文写作的方向，也让写作者能够清楚自己的表述所在。

所谓开宗明义、开门见山，就是论文写作者需要提炼出段落的主句，让段落的其余文字围绕主句展开。一个段落只有一个段意，一个中心。如果一个段落包含多个中心，则要分段。我们常看到有的论文将包含多个层面意思的内容放进一个自然段，造成段落太长、意思混杂的局面。当然也有把主题句放在段落结尾，作为全段的收束句的情况。把主题句放在段落中间的情况比较少见。

尽早提出论点同样适合正文的各个章节，在论文的整体框架中也是如此，论文的中心论点就常常出现在绪论部分。

论文的"中心"二字，往大处说，即指论文的立论和论题。往小处看，论文的大小章节和每一段落都有自己的中心，每一自然段即是论文章节的一个局部。局部要统一在整体之内，不能从整体中分离出去；局部服从整体，但又要相对独立、完整。中心不明确，表述的文字就会破碎、混乱，对论文的整体产生严重伤害。俗语说，"挈领而顿，百毛皆顺"。只有理清思路，始终清楚自己论文要表述什么，才不会在写作中迷失方向。

（二）充分展开

充分展开是在中心明确的前提下进行的写作要求。首先要避免论文章节分层不够，如果章节层次分得不够，意味着论文的讨论比较单一、局促，甚至可能有比较大的内容缺失。反之如果章节层次分得过多，由于论文字数的限制，每一章每一层的字数就会较少，讨论就无法深入。另外，章节的题目不宜大，大的章节题目常常流于简单阐述，无法深入。

简言之，充分展开就是要为中心论题提供足够的证据和进行充分的论证。证据是由具体的细节、事实和例子组成的。论证则要求有效运用证据、组织恰当语言，去充分证明自己的观点。

譬如，某篇艺术专业论文研究了艺术家的作品，那么充分地展开论证就有可能涉及以下一些方面的内容：

①提供一些艺术家的艺术生平信息。特别是不为大家所熟悉，但是对论文的进一步展开有帮助的信息。由于写作的是论文而不是艺术家传记，所以，艺术家的生平信息需要做精练的介绍，而不求完整。

②对作品进行描述与介绍。选择代表性强的作品进行示范性介绍，包括题材、语言、形式、媒介。

③对作品进行分析与解读。包括风格、流派、独特性，从形式到内容，从物化的艺术语言形式到精神观念的内涵发散。

④可比较的艺术家及作品。艺术家的艺术风格不可能是孤立的，他会受到其他艺术家的影响，他的艺术特色也是要在比较中才能更好地识别的。有时在谈论一个艺术家或一件艺术作品时，自然而然就会联想到其他艺术家或其他作品。一般情况，论文中用于比较的艺术家和作品应该为大众所熟悉，比较的本意是为了更清楚地论证，而不是更糊涂。

⑤社会、文化环境的铺垫。艺术家和艺术作品不是从石头缝里蹦出来的，他们与社会、文化的特定状态密切相关。有的艺术作品的创作本身就有直接的社会和文化指向。

⑥与历史联系。包含两个层面的意思，一是艺术家或艺术作品与之前的历史联系，即所谓的历史渊源、历史动因；二是艺术家或艺术作品与之后的历史联系，如他们对后代的各种影响、后人对他们的不同评价等。

充分展开是论文研究具有深度的体现。同时应根据逻辑顺序和表现主题的需要进行详略处理。重要章节和段落要有深入的讨论和丰富的材料，主要的论据要有一定程度的深入分析和讨论。

（三）条理有序

想要一篇论文具体行文有条不紊，我们就要着重处理好以下三部分内容。

1. 开头与结尾

论文的开头和结尾字数都不多，但是并不好写，而且它们所起的作用不可小觑。论文的开头、结尾有豹头、凤尾的说法，意思是开头要一鸣惊人，引人入胜，结尾要言尽意不尽，令人回味无穷。

人们常用豹头、凤尾来形容开头、结尾，不过这讲的只是开头、结尾的功能，而没有涉及开头、结尾所应包含的内容。现在我们要说一说开头、结尾应该讲些什么内容。一般说来，开头要说的内容大致如下：一是申明写作此文的目的，二是说明写作此文的意义，三是挑明写作此文的必要性，四是宣示论文所要探讨的主要内容，五是开宗明义亮出论文的核心论点。诸如此类，不一而足。再说文章结尾，一般说来，文章结尾要说的内容大致如下：一是对全文要点加以归纳、总结，二是从论题联系现实，展望未来或提出希望，三是言尽即止，该说的话说完了，论文也就结束了。

2. 层次与段落

一篇论文除了核心论点之外，还有一些次级的论点。这些论点在论文展开的进程中次第呈现，就形成了层次。每个层次的内容还会是相当丰富和复杂的。把一个层次里面的内容划分成一个个的组成部分，这就形成了段落。

一个段落通常叙述一件事情或表达一个意思。在层次与段落的划分上，要做到层次分明，段落清晰。这样的论文显得有条有理，井然有序。阅读这样的论文，犹如顺水行舟，流畅痛快。层次不清、段落纷乱的文章，叙事说理常给人东一榔头西一棒子的感觉，历来遭人诟病。

3. 过渡与照应

过渡，讲的是处理段落与段落之间、层次与层次之间互相衔接的一种手段。在文章当中，当意思转折或话题跳跃的时候，就需要用一句话或一段话起到过渡作用，来把两层意思或两个话题联系起来，犹如一座桥梁把河流两岸沟通起来一样。否则，会让人有文意离散、文脉断裂之感。

照应，讲的是前后文互相关照与呼应，从而使整篇文章血脉贯通、浑然一体。刘勰谆谆告诫作者要注意照应，他在《文心雕龙·章句篇》中写道：启行之辞，逆萌中篇之意；绝笔之言，追媵前句之旨。故能外文绮交，内义脉注，跗萼相衔，首尾一体。清代戏剧理论家李渔也教剧作家要重视照应，他在《闲情偶寄》中说：

每编一折，必须前顾数折，后顾数折。顾前者，欲其照应；顾后者，便于埋伏。这段话的意思完全适用于论文写作。

四、合理使用引注、图例、表格

在论文中使用引注、图例、表格，既能够丰富论文内容，又能对论点进行更为有力的论证，是为论文"添枝加叶"的不二之选。不过，对引注、图例、表格的使用并非随心所欲，更不能胡乱为之，应当保证其使用具有合理性，使其成为文章必要的一环，为论文增光添彩，而非让论文内容变得杂乱无章。

（一）合理使用引注

引注，即引文与注释。在本书前文，已对"注释"进行阐述，此处不再赘言。在论文中，引文分引用原文、引用原意两种。原文的引用，主要是为了充实论文内容，通常引用权威表述、科学结论，用以代替自己想要表达的思想或作为论据；原意的引用，通常只在引用原文文字量较多或综合多人相同意见时采用。

引注不仅体现了作者严谨治学的态度以及对他人劳动成果的尊重，同时还表明作者的观点持之有据，给读者和研究者提供进一步查找核实的确切信息。引注同时也是横向比较学术水平和纵向反映学术源流的重要依据，是学术研究继承尊贤传统的充分体现。

有的论文缺少引注，或者引注极少。如果作者以为读者都能看懂，或觉得多一事不如少一事，结果连该引注的地方也不引注了，这是不可取的，既不利于阐述文章内容，也会对论文学术性、专业性产生影响。

学术论文的写作离不开前人的研究成果，引用原文或引用原意是一篇学术论文之必需。不过，学术引用也应有度有节，也不是任何论文都需要大量引用材料作为论据，因此，既不能通篇缺少引注，又不能过多引注。有的写作者在论文中大量引用原文，到自己论述部分却少得可怜，造成文章内容失衡。有的写作者片面模仿国外早期论文连篇累牍引注的做法，甚至注释比正文还长，这是不足取的。这样不加节制地过度引用，也在表明论文的写作者没有多少自己的认识和自己的声音。

总的来说，引文大体是用于强化论据、比较说明、综述和内容拓展等，为了扩充字数而做无关宏旨的旁征博引是不足取的。因此，大家切记，要针对文章内容具体情况，进行合理、准确、适当的引用。

(二) 合理使用图例与表格

学术论文中的插图主要包括函数曲线图、点图、等值线图、直条图、构成图、示意图、流程图、照片等。插图具有简洁、清晰、准确的特点，它的使用可以通过直观的方式使读者迅速理解事物的形态、结构、变化趋势等，缩减烦琐的文字描述，并起到活跃、美化、节省版面，提高读者阅读兴趣的效果，被誉为"形象语言"或"工程语言"。

文字是论文表述的主要手段，但为了形象和直观地表达某些内容，适当使用插图也是非常重要的。特别对于实证类论文来说，图与表的直观性、生动性能够有效弥补文字的不足。

表格是表达统计资料的一种重要方式，具有表达力强、易得要领、便于计算和分析比较，以及节省版面等优点。制表的基本要求是简单明了、层次清楚、有自明性。表的结构要简单，使人一目了然。

表格的种类较多，从表现形式分，学术论文中常用的表格有以下两种：卡线表和三线表。

卡线表由横线、竖线组成表格的行线和栏线而得名，学术论文中大多采用卡线表。

三线表以卡线表为基础，栏头取消了斜线，省略了横、竖分隔线（即行线和栏线），通常只有三条线，即顶线、底线和栏目线。目前，科技期刊一般都使用三线表。

相对于文字，图例与表格可以更好地呈现论文内容各要素之间的关系，提供文字无法提供的视觉形象，具有整体、直观、简明、清晰、易懂等优点。当然，如果图、表不正确，对读者的误导也比文字来得更为直接。图表既能辅助说明文字内容、主题用意，也能解剖图画和产品结构，还能在逻辑分析和统计演算中发挥作用。

并不是所有论文内容都需要配以图例或者表格，有的写作者为了让论文"显得好看"，或者为了扩充论文篇幅，盲目使用图例与表格，造成所用图表和内容关联甚微，甚至毫无干系，非但无法起到图表应有的作用，还会让论文变得臃肿，可读性与科学性也大大降低。下面，我们就图表的合理使用进行详细阐述。

随着计算机和网络技术的发展，图例与表格的制作变得不再困难，表现形式也越来越多样化。与此同时，滥用图例与表格的现象也层出不穷。因此，我们要在皂丝麻线中找到正确的用法，包括什么情况下使用图例与表格，又应当如何使用。

1. 适合使用图例与表格的情况

①当论文遇到庞杂的内容需要分解梳理时，可选用图例与表格和视觉辅助的方法表现。这时的图例与表格不但可以让庞杂的资料变得井然有序，便于甄别资料优劣、重要与否，同时还有助于写作者整理思绪、编辑内容和概括总结，简明地构建起大概念、小概念的框架。

②遇到难以用文字说明清楚的定义时，可以采用图例与表格和视觉辅助来说明。比如，给一般三角形下定义时，虽然我们可以将其解释为"一个几何图形""一个三角形"或"一个不等边三角形"等，但显然这样的定义不够明确，也存在歧义，如果用图例加以说明，便一目了然。再如，给锤子的各个部位下精确而又简明的定义比较困难，如果有附图或者附表就可以弥补定义解说的不足。

③当思考比较复杂的内容时，可以利用草图表达想法，也可以列成表格使内容一目了然。此时采用图例和表格不仅有表达直观、快速的优点，而且可以自由变化、组合想法，帮助程序推理和逻辑重建，有时还会激发创造性思维。

④需要区分论文层次时，我们可以插嵌相关图例与表格，使论文内容主次分明，结构清晰，让所有内容一目了然地呈现在图例与表格上。

⑤论文中某些抽象的内容需要进一步细化、具体化说明时，采用图例与表格可以使抽象的内容形象化、视觉化，从而提高语言和文字的说服力，弥补表述方面的不足。

2. 图例与表格的使用方法

①用图例与表格表达论文内容时需要注意"结构化原则"和"数量限制原则"。

A."结构化原则"。将抽象的内容变为直观的图例与表格，首先要进行模块化设计，然后再落实相应的内容以及材料的归纳，最后用图表组织逻辑框架使"结构和体系"视觉化。其中，模块化的原则是"一个主题/一个部分/一个指数"，以此建立整体和局部的关系。

B."数量限制原则"。数量限制是根据短期记忆的容量来定的。一般人的记忆极限是七点，三点说明或三点以内的说明最容易被记住，所以论文的每个部分被归纳为图例或表格时，需要掌握好要点数量。

归纳的关键在于区分收集必要材料的过程和步骤，即提取关键词——整理关键词——分组——组合条目——分解子条目——删除与主题无关的部分——建立叙述路径——整理、建构整个目录和框架。编制逻辑框架与研究路径的关键在于明确陈述的切入点，选择研究与论文的视角，然后结合读者需求展开叙述，或围绕解决问题的技术线路明确其过程、步骤。

②制作与统计数据相关且便于通览的图表时,为了突出主次关系,图例与表格最好有部分留空,这样容易看得明白一些。坐标图及表格能使数据直观化,增加说服力,但要根据不同目的灵活运用。一般来说,看坐标图先是从形状上看趋势,其次才是读数值。

③根据研究目的的不同,可以选择坐标图表示比较和趋势、数量的变化、频率分布、构成比例和相关关系等。表示比较和趋势时,可以采用直线图表,如单一柱状图表、复合柱状线图表、组合柱状线图表(包括柱状线、叠层柱状等),也可以采用面积图、雷达图表等;表示时间变化时,可以采用线形图表,如单一线形图表、复合线形图表,还可以采用阶梯图表等;表示频率分布时,可以采用条形图表;表示构成比例时,可以采用柱状图表、饼状图表、累积分布图表;表示相关关系时,可以采用散点分布图表。另外还可采用上述两种或两种以上图表的复合图表以及结合地图的地图图表等。

④表格最能体现逻辑关系。它能简化复杂的理论,并从视觉上体现其整体性及各部分之间的关系。绘制表格虽然需要一定的绘图能力,但是因为构成一览表的基本要素只有文本、框架、指示符号、间隔线等,所以最基本的还是分析能力。一般绘制完成的表格要求能够体现功能等结构要素,体现涵盖、交错或并列的整体关联性,体现层次、组织、系统的分类和系谱,体现思考、时间、变化、步骤、程序等。

表格不宜繁杂,要尽可能简洁、明了和易懂,为此字体的种类和字号不宜多,引导的符号要照顾到读者的目光,按照习惯从左到右、从上至下。内容分布要上下、左右均衡,如块面大小要统一、箭头种类要统一、同种类的符号要统一。

值得注意的是,我们不能为使用图例与表格而使用,更重要的是图例与表格中应该包含有解决问题的思考,这个思考的过程最好也用辅助指示符号加以引导。

第七节 完善各处细节,查缺补漏

当花费很大心力写完一篇论文之后,很多写作者就觉得任务完成,可以松一口气了,实则不然。所谓"文章不厌千回改,精雕细琢始成金",写论文就像雕刻,我们不仅要雕刻出大体的模样,还要进一步对各处细节加以完善,不放过一点瑕疵、一点缺憾,这样才能让所呈现的论文更具价值。

因此,写作阶段的结束,也意味着另一个新阶段的开始,那就是"自查与修改"。我们要对论文的成稿反复研读,注意各处细节,查找内容、格式等方面是否有未注意到的错误,也许在这一过程中,我们又会有新的想法,可以继续填充进论文之中。在经过不断打磨之后,相较于最初完成的状态,我们的论文将更加完整、更加美观,真正如同"艺术品"一般。

当然,自查与修改也讲究一定的方式方法,下面本书将对此进行详细阐述。

一、论文自查

(一)文本阅读和反复思考

首先,在头脑清醒又有大把时间时,我们要从头到尾快速阅读自己的论文,争取一气呵成,尽量把握自己论文的整体状况和整体感觉,看看有没有大的问题。

其次,采取精读的方式,仔细审视自己论文,聚焦重点章节,不疏忽一般章节。有些地方需要同时比较着阅读,比如摘要、绪论与结论的部分,一些章节的开头与结尾部分等。阅读论文时也可以换位思考,譬如,设想自己是导师、专家、编辑,或者是论文观点的对立者,将会如何评判自己的论文。

最后,不要一直盯着电脑屏幕看自己论文的 Word 文档,如果把论文打印成纸质文本进行阅读,会更容易查偏纠错。

阅读时需要注意以下问题:

①中心论点是否贯穿始终?是否得到有力地论证?论据与论点是否相互对应?有没有错位的情况?

②基本概念是否混乱?有些概念是否定位并不准确,概念的范围在哪里?

③有些重要的内容是否还不够深入?有些非重要的内容是否写得太啰唆?

④论文所采用的例子是否是最有力和恰当的?还有更好的例子吗?有没有可疑的材料,包括一些图片、作品在时间、人名上是否有误?

⑤论文的各章节内容有无重复写作?

⑥语言分寸和措辞是否把握得当,是否有过于极端化、绝对化和顾头不顾尾的地方?

⑦文字是否清通?语法、标点符号是否有错?

⑧在论文的结语部分是否是单线思维,有没有顾及无法反对的不同意见?自己是否过分夸大了自己的研究成果?是否曲解了反对的意见?

论文需要静下心来反复阅读,发现问题、解决问题,而不是等待导师、评委或编辑来指出问题、纠正问题。自己写完的论文,一定要认真读一读,如果自己都读不通、读不明白,又怎能让评审专家认可?

（二）文字和格式的梳理

学术论文应该做到文字清通，格式正确，达到刊物公开发表论文的文字要求（刊物发表论文万分之一至三的字符错误就为不合格）。现在可以看见大量字符错误的论文，甚至是格式不规范的学位论文。文字错误是论文的"硬伤"，会导致论文品质急速下滑。

论文中存在过多错别字和文法错误，就会造成阅读理解的障碍，词不达意，不知所云。语言生动但漫无边际，不会有实证表述的力量。论文也不能以字数多少来"称重量"，写论文"要把水分挤出去，把文章炼成干货"。表述不清还可能在于缺失材料、缺失证据。文字梳理不仅是对文字进行字斟句酌的修改或润色，更是在对论文写作中的问题进行反思和自查。

文字梳理也包括对格式规范进行核对。格式规范问题对于艺术专业的学生来讲，比较陌生。在后文（第四章）中，本书将对论文写作的格式、规范进行详细介绍，以便大家进一步理解与掌握。

在论文提交前，一定要对照格式规范的文件和样本进行仔细检查。譬如，引文和注释的写法、参考书目的标记，还有论文中出现的图片是否写错了名字？图片需要的相关出处和数据是否完整？图片是否高清？

在论文写作中出现一些文字和格式的错误是不奇怪的，但是，我们绝不能将这种错误一直保留在文稿上。只要认真仔细检查，就能将错误减少到最低程度。

（三）论文查重及修改

论文正式提交前，还有一个通过网络技术进行论文查重的流程。查重即检查此论文与彼论文的"重复"情况。这里建议在院校查重或投递期刊之前，自己先行自查。当论文初稿写作完成后，就可以进行查重了。可用知网、PaperPass、万方、维普、Gocheck、PaperPass 或 PaperRater 等论文检测系统，尽量选择与学校相同的系统来检测，建议用两个以上不同系统综合检测。

各种网络论文检测系统，主要以中国学术文献网络出版总库为全文比对数据库，包括各种期刊文献、网络信息和硕博学位论文等，通过文字、数字、符号等方面的比对，查检出此论文与其他文献资料的重复率，知网论文检测会将连续13个字高度相似和重复的内容标注为红字，以示重点提醒。论文查重作为一项科学检测手段，院校与学术期刊可以拒收查重超标的论文，作为写作者个人，可以防微杜渐，将问题解决在提交论文之前。

查重以后，我们需要再对照查重报告对论文进行认真修改。

二、论文修改

（一）论文修改的方法

关于修改文章的方法，本书归纳出主要的三种，以供大家参考。

1. 冷处理

鲁迅在给青年作家叶紫的信中教他修改文章的方法，就是冷处理。鲁迅写道："你还是休息一下好，先前那样十步九回头的做法，是很不对的，这就是在不断地不相信自己——结果一定做不成。以后应该立定格局之后，一直写下去，不管修辞，也不要回头看。等到成后，搁它几天，然后再来复看，删去若干，改换几字。在创作的途中，一面练字，真要把感性打断的。我翻译时，倘想不到适当的字，就把这字空起来，仍旧译下去，这字待稍暇时再想。否则，能够因为一个字，停到大半天。"①"等到成后，搁它几天，然后再来复看"，这就是修改的方法，冷处理的方法。

这个方法有什么益处呢？棋艺里有一个说法，叫作"当局者迷，旁观者清"。说的是棋局里有一些好的招数，下棋的人往往想不到，旁观的人却看得很清楚。为什么会这样呢？因为下棋的人总是顺着自己的思路行棋，所谓一条道走到黑，不容易跳出这固有的思路来思考，因此他的思维和眼光就受到局限，想不到在他的思路范围之外的好招数。而旁观者眼观全局，思路开阔，就能看到当局者看不到的妙招。冷处理的方法，就会使文章作者由"当局者"转变为"旁观者"，就能发现原来没有发现的问题。

2. 虚心求教

作者对本人的文章妍媸自惑的原因，恐怕有两种不同的情况。对于老手来说，是由于当局者迷；对于新手来说，除了上述原因之外，更由于水平有限和经验不足。因此，特别是对于学生而言，要格外重视虚心向他人求教，以更好地对文章进行修改。

①学生应该首先向自己的导师请教，尽可能获取导师对自己论文更多、更详细的意见。导师在对学生论文的指导和审阅中，由于承担了"导师"的责任，往往比较挑剔和严厉，似乎给学生处处"设置障碍"。学生也往往因此对导师产生畏惧心理，有问题不愿与导师交流，主动放弃导师可能提供的帮助，这是非常不明智的做法。要知道，导师对学生论文的指导意见，其实也是在为学生论文结果

---

① 鲁迅著. 鲁迅全集10[M]. 北京：人民文学出版社，2005：590.

承担责任，学生放弃和回避导师的帮助，就预示着论文的写作后果自负。实际上，在本书第一章中也已提出，与导师多沟通交流，是论文写作的基本要求之一。

②向学科内外的其他教师和专家请教。有些论文篇幅较长（特别是学位论文），要让其他教师和专家为自己论文进行全面的细致"诊断"不现实。写作者可以就论文题目和论文中的一些关键问题、疑难问题向他们请教。

当然，对于任何意见，我们都要经过自己脑子想一想，进行判断和取舍，并不是指东向东、指西向西。毕竟，论文最终是自己的东西。在听取意见过程中，也不要过于害怕那些反对和批评的声音，且不论其对与错，起码要让自己始终保持警醒。

3. 朗读

修改文章的有效方法之一是朗读。鲁迅就惯用这个方法，他在《我怎样做起小说来》一文中写道："我做完之后，总要看两遍，自己觉得拗口的，就增删几个字，一定要它读得顺口。"[①] 郭沫若认同鲁迅的看法。他在《怎样运用文学的语言》一文中写道："自己写出来的东西要读得上口，多读几遍，多改几遍，先朗读给自己亲近的人听，不要急于发表，这也是绝好的方法，这便是古人所说的'推敲'。"[②]

凡是搞写作的人大概都有这样的体验，一个句子写成的时候，感觉不到它通顺还是不通顺，只要把它放到口头上念一念，立马就分辨出来了。因此，我们不妨将写好的论文一字一句地朗诵一遍，在遇到"打磕巴"的地方停下来，细细思考此处是否存在问题，如语句不通顺、内容不妥当等。待到自己能够一口气读完时，也从侧面佐证论文全篇流畅通顺，没有太大的毛病了。

（二）论文修改的注意内容

修改论文，首先要看论文的内容，看所讲的道理以及引证的事实是否正确，以去掉不实之词；其次看论文的剪裁是否得当，这关系到整篇论文的框架结构、主旨的逻辑表达；再看各章节内容的详略是否得当，首尾是否贯通等。有很多写作者在修改论文时觉得无从着手，或是即便带着问题自查几遍，到修改时仍有疏漏。这里，我们再对论文修改的注意内容进行强调。

1. 纠错

纠错从改错别字和改使用不当的字、词开始。论文中常见使用不当的错别字，其产生原因主要包括以下几个方面，对此在论文修改中应当引起特别注意。

---

① 鲁迅著. 鲁迅全集 10[M]. 北京：人民文学出版社，2005：526.
② 郭沫若著作编辑出版委员会编. 郭沫若全集 文学编 第 19 卷 [M]. 北京：人民文学出版社，1992：309.

（1）读音相同、词义相近又有区别的字、词

例如，"象"和"像"，在汉字简化前，是两个不同的字。"象"含三种意思：表示动物，如大象；表示形状，如印象；表示仿效、设想，如想象。"像"含四种意思：表示人像，如"画像"；表示相似，如"这个人画得不像"；表示如同，如"天像要下雨了"；表示比如，如"艺术形式很多，像绘画、音乐等"。20世纪60年代公布的《简化汉字总表》中，"像"作为"象"的繁体字，同时注明在可能出现混淆时，仍用"像"字。所以，在此后出版的辞书里，只是涉及表示人像等时，才用"像"。经过20多年的实践，结果发现还不如原来的好，所以又恢复了原来用法，如果不知道这个情况，在使用中就会感到有些混乱。

再如，"于""予""与"都有"给"的意思，但在使用时却有所不同，需要加以区别。一般情况下，"于"和"与"的对象多为人，如：荣誉归于大家；信件已交与本人。"予"的对象一般指物，如授予勋章等。

其他还有"分"与"份"、"采"与"彩"、"度"与"渡"、"须"与"需"、"至"与"致"、"坐"与"座"、"趁"与"乘"、"权力"与"权利"、"交代"与"交待"等，在使用时也容易出错。

（2）形体相似、读音相同，意思不相通的字

形相似的字如："惮"与"殚"、"绉"与"皱"、"蔼"与"霭"、"眈"与"耽"、"祇"与"祗"、"醮"与"蘸"、"幕"与"幂"。

同音字的字如："供"与"贡"、"尤"与"犹"、"绪"与"序"、"磁"与"瓷"。

（3）意思相近而用法不同的词语

如："标记"与"标志"、"扶养"与"抚养"、"棘手"与"辣手"、"截止"与"截至"、"开展"与"展开"。

容易出错的字词还有很多，在此不一一列举，写作者在修改论文时，应对错别字格外留意，做到尽量"消灭"，不留遗漏。

2. 改笔

改笔是通过对句子中的名词、动词、形容词、代词、量词、副词、介词、连词、语气助词的选择，以及短语、成语的调整，来更加准确地定位句子中成分，如谓语、定语、状语、补语、宾语等。它包括对句子的增添、删除、移动以及句式的变换，如主谓句和非主谓句、分说和合说、肯定句和否定句、陈述句和疑问句及感叹句、被字句和非被字句、把字句和非把字句、是字句和非是字句、使字句和所字句等，借此通顺语言，提高文字的准确度。

改笔同时还要考虑论文的结构。如：章节谋篇是否合理；概念层次是否有序；

段落之间的联系是否紧密且有承上启下的过渡；在内容方面是否有偏离主题，或可省略的多余部分，可删除的字句；等等。

此外，论文的论点是否新颖、客观、明确；表述是否合乎逻辑，论据是否确凿、充分和有力；研究和运用材料的方法是否科学得当；研究的意义和价值、重点和难点、结论是否准确、概括；在规范方面，各部分的写法和格式是否已经整体统一；等等，都在改笔的考虑范围之内。

再如，通过改笔甚至能够提出新的、更加深入的问题。这样一来，改笔就不单是改正笔误、改错别字，或是调换词句等的修改，而是在修改中不断地将研究推向深入。这也是写作者需要注重的。如果在修改中有任何新想法，千万不要忽略，不妨静心思考，或许能为论文注入更多新思维，甚至使其得到进一步升华。

三、论文修改后的再校对

按照传统的校对方法，在纠错、改笔后，为了避免印前出错，需要将学位论文进行排版、打出纸样，供校对人员校正。但是作者本人也不能一味地将责任都交给校对方，而是应该尽量自己做到印前文稿的齐、清、定，即：文稿、图稿和附件（前言、目录、后记、附录等）都齐全无缺；文稿或图稿等缮写、描绘清晰，符合排版的需要；发稿后不再改动。尽管随着电脑排版技术的普及，有人对齐、清、定的必要性提出质疑，但是电脑上的看稿与纸样看稿，其实际效果相差至远，往往是电脑上怎么都没有发现的错字和病句，改成纸样看稿后一下子就看出来了。包括倒字、横字、多字、缺字以及另行、字体、字号等差错，还有版式问题，如标题、图题有无偏斜，字体、字号是否统一，页码是否连贯，页眉单双码是否排对，铅线粗细是否均匀等，都要反复检查。

论文自校的方法不妨参照出版社正确校对的方法，如对校、折校和读校。对校是将原稿放在左方，校样放在右方，先看原稿，后看校样，逐字逐句对下去。折校是把原稿放在桌上，用双手的拇指和食指，各持校样的一边，压在原稿上进行校对。读校是两人合作进行的校对，即一人朗读原稿，另一人看稿。学生完成论文，最好由本人和同学一起，按照出版社校对要求，做好论文的最后查检，为此，我们还要熟练运用校对符号等。虽说校对是出版社的工作，但是作者自己先做一次比较彻底的校对，只会是有百利而无一害的事情。

第四章　论文写作的规范与要点

本章为论文写作的规范与要点，对论文写作所需注意事项进行进一步阐述。主要包括四部分内容，分别为论文的格式编排、论文的写作规范、论文的写作要点与艺术专业词汇。

第一节　论文的格式编排

没有规矩，不成方圆。学术论文，也是一个由"技术规格"成就的结果。国家标准局发布的《科学技术报告、学位论文和学术论文的编写格式》《文后参考文献著录规则》等文件都是论文技术规格的依据。在此基础上，各艺术院校都制定了自己的学位论文写作大纲（文件）。一般而言，院校的论文写作规范文件常常有以下一些内容：

①学位论文的基本要求。包括对学位论文的学术定性、在导师指导下独立写作的要求、论文内容的基本规范、论文的字数等。

②学位论文的编写格式。包括章节内容排列编号、论文结构顺序及各个结构（部分）的要求，如封面、中英文扉页、诚信与知识产权声明、目录页、中英文摘要、关键词、文献综述、引言（或绪论）、正文、结论等的撰写格式，参考文献的著录格式，以及附录、致谢和发表论文及参加课题的一览表编写格式等。其中涉及论文各部分文字的字体、字号、行间距、页边距的要求，以及标题、章节、页眉、页脚等一系列的排列讲究。对于论文中的表格形式、量和单位的书写也都有具体要求。

③学位论文的打印。规定学位论文打印份数、打印的纸张及装订要求。

下面，我们对论文的格式编排进行具体介绍。

一、参考文献格式

参考文献的标注：在各种技术规格的要求中，参考文献的格式是比较重要的部分。参考文献必须依据国家标准，比如，《文后参考文献著录规则》(GB/T 7714—2005)。

参考文献作者三名以内一般全部列出，四名以上的写出前三名后加"等"。外文文献也有相应的细致要求。

学位论文的撰写应本着严谨、求实的科学态度，凡有引用他人成果之处或受益于他人文献的启发和帮助的情况，均应将它们排序列于参考文献中。参考文献是写作论文所参考的文献书目，一般按出现的先后或重要程度进行集中排序，列表于论文之后。

二、引文注释格式

由于引文注释是对论文正文中某一特定内容的注解或补充说明，因而一般排印在该页地脚。在论文中引用、引述的内容，以及有些不宜穿插在论文正文中的术语解释、数据来源等，需要注明出处，可采用脚注或尾注的方式。脚注即将注解部分的内容标注在同一页的下面——页脚。正文不方便叙述的内容可以通过附录、注释等形式补充。

无论是文中注、脚注还是尾注，都有各自的优缺点。就文中注来说，它的优点是简化了引注的相关信息，只保留最基本的作者、年份和页码三项信息，可以给写作者省去不少麻烦；它的缺点也很明显，即它必须要在文末逐条列出参考文献的完整信息，以致读者若对某项引注有兴趣，就需要暂停当下的阅读，翻至文章结尾处去查阅。同时，文中注如果比较多，就难免会反反复复地出现（作者、年份、页码）这样的插入信息，以致文章的气息和韵律被打散，读者也就丧失了阅读的通畅之感。在这一点上，脚注虽能够避免这种弊端，但它却会给写作者增添不少添加脚注信息的工作量。与这两种方式相比，尾注的缺点更为明显，即必须到文末才能查阅相关的引注信息，但它的优点也很明显，那就是可以相当程度地保证版面的洁净和文气的通畅。所以，这三种方式并没有绝对的优劣之分，究竟采用哪种方式在很多时候取决于写作者的喜好和写作者所在的学术场域的习惯。至于投稿，要按照特定刊物的要求来确定相应的引注方式，学位论文则要按照院校要求进行引注，就是另外一回事了。

此外，我们还要对"引文"格式进行再强调。引文又分为"转引"和"直引"。照搬引用相关论文或书籍的参考文献是"转引"，直接引用原始文献的叫"直引"。"转引"在论文里需标注"转引自"三字，如：转引自×××在×××期刊×年×月发表的×××论文。如是"直引"文献，则可加"引自"二字。

在学界有人认为："转引参考文献是一种不良引用行为。转引是学风不严谨的体现，侵犯了原作者的知识产权，容易以讹传讹、断章取义，影响引文分析的科学性，损害原始论文所属期刊的声誉。"①2000年已获得教育部和国务院学位委员会评选的"百篇优秀博士论文"中的一篇经济学博士论文，因为注释中张冠李戴和"转引""直引"的问题，被《中国人文社会科学博士硕士文库》选编者从书中抽掉了。可见，论文的引文标注不是小事。我们应当首先选择"直引"，"转引"难免时，需要实事求是地予以标注，不能有所疏漏。

三、图片相关格式

这里的图片包括艺术作品的照片、摄影图片和各种数据和模型的图表。对于艺术作品图片的标注一般提倡"五要素"，即作者姓名、作品名称、作品的种类材质、作品创作的时间、作品的尺寸。在图片格式方面，我们需要注意如下几方面：

①图片标注如同作品在展览场所制作的"标签"，这个"标签"应被置于图片的下方。

②艺术专业论文中如果重点研究了著名艺术家的名作，最好同时标注出作品被收藏的地点。对于属于国内外某些艺术活动、艺术展览中出现的展品，有时还需要标注出作品出现的地点以及作者的身份，是自由艺术家还是来自某单位、学院或某机构。

③多张图片在论文中出现时，需要同时编排序号。按章节归类编排，如在第一章出现的图片编排为图1-1、图1-2，即第×章的第×幅图。也可以统一用阿拉伯数字编排，如图1、图2等。若一幅图有另外的分图，可以用图1-a、图1-b来表示。

④图片的"标签"和排序号的字体、字号可以与正文一致，也可以用略小的仿宋体与论文的正文相区别。

⑤论文中的图要布局恰当，注意疏密适中、不留大的空白、高宽比例协调等。

⑥论文中的图一般随文编排，即插图出现在文中第一次提到它的段落后面。不要先出现插图再出现文字，也不要把插图都放在论文最后。如果文中提及插图的所在页面剩下的版面太小，放不下插图，也可以把插图按顺序适当后移。

⑦论文中插图的图注说明文字力求简洁准确，所选用的名词术语一定要与文中所使用的一致，不要出现正文没有交代或与正文表达内容不相关的文字、数字和符号。

---

① 陶范.参考文献的转引现象探析[J].编辑学报，2006（03）:199-200.

四、表格相关格式

①论文中出现的表格，要在表格上方注明表序和表题。多个表格在论文中出现时，如图片一样，需要同时按章节归类编排序号，也可以统一用阿拉伯数字编排。

②表格要精选，根据要描述的对象和表格功能确定是否采用表格，能够用较少文字说清楚的，应用文字说明。

③表序和表题之间需要留1个汉字的空格，排在顶线的上方，相对整个表格处于居中位置。

④栏目内的信息归类要正确，当不好归类时，可采取加辅助线的方法进行区分。

⑤表体内的数字一般不带单位，应把单位符号归并到标题栏中。

⑥如果表格中的某些内容需要注释、补充，或做必要说明时，可在表下加入表注，如果不止1条，可以对每条表注编上序号。

五、标点符号格式

标点符号是辅助文字记录语言的符号，是书面语的有机组成部分，用来表示停顿、语气，以及词语的性质和作用。标点符号尽管看起来简单，但用起来也很容易出错。标点符号的规范使用要求可参考2011年版的《标点符号用法》(GB/T15834—2011)。该标准规定了标点符号的名称、形式和用法。

①标点符号要规范。该用顿号就用顿号，该用逗号就用逗号，不能随意处之。

②全文的标点要统一。

③特别要注意有引号的句子，末尾的标点要规范。如：爱因斯坦说："想象力……源泉。"有人评价他"形神兼备，充满生机"。

④中文标点和英文标点不能混淆。中文标点是全角，在计算机中占2个字符位置；英文标点是半角，在计算机中占1个字符位置。

另外，国家的有关文件规定，如果不得不引用某些不易为同行、读者所理解的，或系作者自定的符号、记号、缩略词、首字母缩写字等时，均应在第一次出现时一一加以说明，给以明确的定义。

六、论文附录格式

论文的附录主要是针对学位论文而言。对于一些不宜放入正文中但作为学位论文又是不可缺少的部分，或有重要参考价值的内容，可编入学位论文附录中。例如，问卷调查原件、各种统计数据和图表和艺术家高清的彩色作品照片、写作者在校期间的成绩单和获奖证书等。

七、论文编写格式

这里主要针对学位论文进行介绍。各个院校在论文的编写格式和标注符号上的要求有时会出现一些细节上的"小异"。这个"小异"也构成了一些院校的论文格式特色。譬如，广州美术学院硕士学位论文格式在论文样式、目录页样式、论文书脊样式上有着具体要求。中央美术学院研究生学位论文写作规范则规定了学位论文一般要求，论文组成部分及说明，学位论文的字数及份数要求，用纸、字面规格及装订要求等。

比较明显的格式差异体现在章节目录的编排上。通过本书第二章中关于目录格式的介绍，我们知道目录格式有着不同的编写方法。在学位论文中，这一部分主要看院校的文件作何规定。例如，中国艺术研究院的硕博论文的格式是按照"第一章""第一节""一、"等类似的中文数字编号来进行的。北京大学文科的硕博论文的格式则是按照"第一章""1""1.1"等类似的阿拉伯数字编号来进行的。

有的院校不仅统一论文的技术规范，还制定了学位论文的大纲"样板"，使其基本上成为一个可供论文写作代入的格式。统一学位论文的撰写和编辑格式，主要是为保证硕博学位论文的质量，便于信息系统的收集加工、检索利用和交流传播。

有人说，论文写作是一种"八股文"写作，这话也有一定道理。学位论文的格式具有被学术团体认可的规范性和传统性，如果熟悉了这些格式，在论文的写作中就会有章有法。学位论文是应学位考核而规定的一种论文形式，论文写作者必须按自己院校的规定来做。对于论文写作的学生和论文指导的教师来说，都需要仔细了解格式要求，不能想当然，以"不知者不为过"为论文的"失范"进行开脱。国家和院校相关的技术规定不能形同虚设，论文在这些方面一旦出错，就将成为不可挽回的"硬伤"。

第二节 论文的写作规范

除了要保证格式正确之外，写作者在撰写论文时还要遵循论文的写作规范，主要包括学术规范和语言规范。

一、论文写作学术规范

学术规范源于学术伦理，主要指的是道德上的规范。学术研究，或者一般所说的科研，在很多人眼里主要体现为学者的个体探索。无论是学术研究的日常状态，还是学术研究的最终成果，似乎都在相当程度上佐证了这一点。甚至在很多学者的主观认识里，也将学术研究看成是自己独立进行的"孤独的事业"，很难为人理解，亦很难有真正的同行者。但事实上，这种印象和看法是具有误导性的，它不仅会使人将学术当作进行自我证明的手段和途径，还会让学术人不断远离真正的学术生活。从根本上说，学术研究是一种群体活动，它的真正基础并不是个体的意志，而是知识和探索意义上的学术共同体。这个共同体既包括过去的历史传承的层面，也包括当下的同代人的层面，还包括未来的后来者的层面。从理想的角度看，这些共同从事学术研究的学术人，无论在现实中是否认识，他们都属于一个知识的共同体。也正是因此，才有所谓的"伦理"，伦理不是来自个体的意志，而是源自某种群体性的生活。

一个学术人无论从事哪个领域的研究和探索，都不可能是完全从零开始的，无论有没有意识到，他都肯定与前人的探索有着不可分割的关系。这种关系可能是正向的，也可能是反向的，但它们都在根本上表明学术研究有着更长的、超越个体的脉络和线索。

所以，学术研究的意义，换言之，主要是在过去基础上不断增进知识，而所谓的创新和独创，往往都只是相对意义上不同于过去的知识，或者说是与过去相比，有所不同的知识。同样，论文的学术价值也是通过研究中所征引的材料、论断的结果等体现出来的，它必须经得起时间和实践的考验。在这个过程中所发现的任何剽窃、失实和沽名钓誉的行为，均属学术不道德行为，违反了学术道德规范。具体又可细分为以下几类。

①凡论文中涉及他人论文中已经有的想法、数据、研究成果时，却装作是自己的东西，拿来作为自己的观点加以阐述的，属于不正当的剽窃盗用行为。

②在承认他人研究者成果、观点的基础上，研究者推论出自己新的独创性见

解时，如果不标明依据的出处，将妨碍他人对其独创性见解进行验证，属于不正当的隐瞒行为。

③研究者根据自己的需要，篡改既有事实，或者捏造事实、伪造资料和数据等，属于不正当的欺骗行为。

④抱着不被发现就可以蒙混过关的想法，在论文中使用他人成果或观点，属于抱有侥幸心理的不合格研究者。

我们要遵守学术道德规范，就必须做到学术自律。学术自律往往是研究中行为主体的自我约束、自我管理，是以事业心、使命感、社会责任感、人生理想和价值观为基础的。它具体表现在以下几个方面：

①征引他人研究成果、资料、数据和观点等，必须标明出处，自觉回避不正当引用。

②按照国际学术惯例，引用已经公开发表的他人成果是被允许的，但引用必须忠于他人成果。引用时，要坚持最少量引用这个基本原则，引用的目的应该是出于促进学术进步的考虑，且其构成自己研究中不可或缺的部分。

③引用表述要规范。按本书前文"参考文献格式""引文注释格式"要求，凡引用的语句，都要用引号标明，其出处用文中注、脚注、尾注和文后参考文献的方式在论文中表示清楚。

④图表、照片等，并不是所有都可以使用。在使用时，除了标明出处外，还要征得发表者和著作权人的同意，避免出现侵权问题。

⑤研究者从学术讲座或研讨会上得到的启发，可以用在自己论文里发表，但最好也要从尊重他人的角度注明来源。如果将这种启发完全当作自己的想法，那是不诚实的表现。

⑥做研究笔记时，研究者应该注明何时从何处直接引用、何时改写、何时概述，如果是电子文件，还必须将那些可能被自己剪贴到数字文件里的内容的网址记录清楚。

⑦研究中没有参考的文献，不能作为参考文献著录在论文中。如果引用的文献是译著，要如实写明是译著，不能将引自译著写成译自外文原著。

论文中用到的证据，有些来自社会和田野调查。研究者在采集这方面证据的过程中，往往会涉及面谈、问卷调查等，有时甚至调查对象就是研究的对象，所以要像对待他人研究成果那样给予被调查者足够的尊重。如果只是作为被调查对象，则只是研究的合作者，而不是共同的研究者。因此这里的尊重他人，主要指从尊重他人人格的角度，遵循社会文明礼仪的规范。

学术伦理中涉及合作与共同研究时，需要注意以下几个方面：

①调研中必须尊重被调查者人格，尤其是调查那些让我们觉得在经济和社会地位方面皆不如自己的被调查对象时，不能表现出看不起对方或者蔑视对方的态度，更不能说一些让人听起来不舒服的话。

②在调查被调查者之前，一定要把自己的调查目的和调查结果的用途等，向被调查对象事先说明清楚，在得到对方同意后，才可以进行访谈或问卷调查。

③从调查对象那里得到的个人信息，除非已经得到被调查对象的允许，否则不能用于公开发表。

值得注意的是，合作者不是共同研究者，但是很多人却将两者混淆在了一起。这些混淆概念的人中，有些人是无意的，有些人是有意的，我们必须清楚地区分两者。

①现在有些学校明文规定，凡是学生在校期间撰写和发表的学术论文，一律被要求署上指导教师的名字。这个规定，虽然从学校统计科研成果的角度，能够增加一定数量，但从学术道德规范角度来说，应当实事求是，明确指导教师是否真正起到指导、帮助的作用，到底是合作者还是共同研究者。

②从事研究的人与论文撰写者以及资料提供者三者之间的关系要非常明确。现在有不少只为撰写者提供资料、建议或者介绍发表，却也要求在研究成果上署名的情况，这是不正确的想法。研究者为同行提供资料或者为他人提供有助于研究的帮助，是属于研究者的职业责任和义务。

③不能用体会文章代替学位论文来申请学位。前面说过，体会文章不是论文，因为体会文章偏重于反映学习过程中对某事、某物的感性认识，它可以写和学习直接相关的内容，也可以写和学习只是间接相关的内容，如在学习过程中如何努力、辛苦等。这样一来就会涉及个人感受是否也要作为学习内容汇报的问题。

④有些属于国际惯例应该避免的不恰当言辞，也应该避免出现在论文中。除非是上下文语境的特殊要求，才有可能按照特定的语义表达。

我们强调论文的学术道德规范，不是用伦理道德制约人们从事学术活动，而是从考虑如何尊重他人的角度，努力地取得学术伦理的共识，从而在不侵犯他人权利的前提下，自由地表达和阐述个人研究的独创性。

二、论文写作语言规范

学术论文具有科学性、专业性，因而在遣词造句上有着更严格的规范。我们不能将自己的论文像写日记一样写成口水话、大白话。切记，艺术专业论文写作需要遵循论文语言规范，符合论文对语言的要求。

（一）通顺

把话讲得通顺，应该是语言的最基本的要求。连话都讲不通顺，如何让人了解我们的思想呢？然而现实中，写论文时语言不通顺的情况相当普遍，尤其需要我们加以注意。

据《现代汉语词典》的解释，文章和语句没有语法和逻辑上的毛病，就叫通顺。

常见的语法上的毛病大致有如下几种：一是成分缺失，一个完整的句子往往包含主语、谓语、宾语、定语、状语、补语等多种语法成分，其中一些成分对句子来说是必不可少的，少了它，句子就成了残句；二是搭配不当，句子中的相关成分，如主语和谓语、及物动词和宾语、修饰语和中心词都是互相搭配的，搭配一定要适当。

同时，语言表达一定要合乎思维的规律、规则，否则，语言表达就不通顺。由各种各样的逻辑错误而导致语句不通的情况比比皆是。一是稻草人谬误，即将对方的观点加以歪曲，从而加以攻击，实际上，攻击的不是对方真正的观点，而是自己制造的一个稻草人；二是混淆概念的谬误；三是自相矛盾的谬误；四是概念不当并列的谬误；五是意思模棱两可的谬误；六是语意含混、莫名其妙的谬误。

（二）准确

在把话说通顺的基础上，还要求把话说准确。不准确的语言，其交流思想的功能就要大打折扣。什么样的语言才叫准确呢？就是要选择最恰当、贴切的词语把所要表达的意思表达出来，要做到词与意契合无间。用最恰当的词语来表达所要表达的意思，不是一件容易的事情。它既要有驾驭语言的能力，又要有丰赡的词汇储备，还要有遴选词语的功夫。古人把这番功夫称为"炼字""炼句"，而要想进行炼字、炼句，需要一个先决条件，那就是腹中要有丰富的词汇储备，否则，炼字、炼句就是空谈。怎样才能使腹中的词汇储备丰富起来呢？我们要注意从日常谈话和阅读中搜罗词汇，日积月累，不断地去充实自己腹中的词汇库。见到新词和生词时，要勤查词典，务必把这个词的意义和用法搞清楚。积累词汇还有一个不错的方法，就是读词典。词典中的每个词，都有词义解释和用法举例，所以读起来并不枯燥。读词典只要坚持不懈，日积月累，必能收到良好的效果。

（三）简练

语言简练，是好文章的一个重要标准。文章简练，好处多多。对作者而言，是其才能的表现；对社会而言，节约了纸张；对读者而言，节省了时间。怎样才能做到语言简练呢？如果说求准确在于"炼"，那么求简练在于"删"。修改文章的主要任务就是把文章中多余的、无用的部分删削净尽。把文章删繁就简，其效果犹如披沙拣金。不过，这里需要注意的是，语言的繁简与文章的详略不是一回事。文章的内容应该有详有略，何处该详，何处该略，取决于文章的主题。跟主题关系密切而重要者，该详；相反，跟主题关系疏远而且不重要者，该略。但是，无论是详的部分还是略的部分，都要求语言简练。还有一点，语言简练要以把意思表达清楚为准绳，切不可为简练而简练。

（四）文采

语言表达须通顺、准确，也要巧妙，要有文采，否则文章就不能广泛传播和流传久远。可以说，前者是基本要求，后者是更高标准。学术论文长于说理，但往往流于枯燥、乏味，救弊之方，就是讲究文采。特别是对于艺术专业论文而言，文采更具重要性，能够更好地对具象或抽象的艺术进行阐释，帮助读者理解论文内容，从而起到画龙点睛的作用。

使文章有文采的方法甚多，一是用比喻使抽象的观点、理论形象化。二是多用警句名言。警句、名言是含义深刻或意义重大而语言精练的语句，这会让人心灵感到震撼，认识得到提升，牢记不忘。三是巧用典故。典故大都是精彩故事和至理名言，适当用典会使文章变得生动有趣，会增强文章的知识性和可读性。但是，要想用典，首先得肚子里有典，就是要具有关于中国以及外国历史和文化的渊博的知识，这也是对写作者做好平日积累的又一要求。

第三节　论文的写作要点

前文中，我们对论文写作的内容、格式、规范等方面都进行了十分具体的阐述，在此，针对论文写作中常见的一些问题以及避免办法，本节总结了几项要点，以供大家参考。

一、学会对重点加以凸显

有些论文看似"丰满"，实则缺乏"骨感"。因为有的写作者撰写论文时，试图在一篇文章里解决所有问题，这使得文章看似很"丰满"、很扎实，却显得过于四平八稳，没有棱角。有些论文不是紧紧围绕一个核心问题从不同方面去论述、突破，而是把臃肿的材料或数据简单、扁平、静态地摆在一起，这使得重点不突出、条理和逻辑存在问题。这类问题的解决办法，我们在前文中已进行详细阐述，这里不复多言。

还有些论文，明明有富有逻辑的结构、分布得当的论点，"骨架"构建得不错，可乍一看来还是十分"臃肿"，让人摸不着头脑。这主要是因为，写作者在写作时没有注意时时刻刻凸显重点，导致材料覆盖其上，难以被迅速注意到。

因此，我们在论证过程中应该着重突出每个节点上存在的争议、分歧，要集中、鲜明、具体、全面展示文章的核心观点；要时刻注意彰显总结性话语和观点性文字，避免堆积的材料淹没了自己的问题、观点以及可能贡献，这样是很得不偿失的。

对重点的突出与强调，能够让评审老师、读者对论文结构一目了然，使他们了解论文在讲什么观点，又是如何对此加以证明的，不会读了许久还觉得一头雾水。

二、避免常识的连篇累牍

有些写作者，特别是学生，在撰写论文过程中，常常用太多笔墨去介绍一些基本概念或者学科基础性问题，这样既淹没了文章的核心主题，也降低了论文的格局、品位和深度。

通常情况下，学术论文不是教材，也不是宣传资料，它的读者是该领域内的研究者。因此，学术论文写作中，一些基础性东西无须过多叙述。对此，可以用几句话概括，进而干净利落地引出文章的主旨和所要研究的问题。当然，一些在学界有较大争议的概念术语，可以在行文前就其内涵进行专门阐释，进而框定文章论述的范围。

三、跳出论文的框架套路

这里所说的框架套路，并不等同于前文中所说的论文格式。格式虽然是固定的，但是具体写什么、怎么写，其主动权依然牢牢掌握在写作者手里，即便格式是统一的，不同的人写同一主题的论文，仍会有着很大区别。

所谓"跳出论文框架套路"，指的是在内容写作上，不能被固定套路局限住。很多写作者按照概念—问题—原因—对策，或者概念—问题—域外经验—启示对策等这样的套路组织文章篇章结构，觉得很方便，实则会令文章显得青涩，也没有理论深度。长此以往，更可能让自己陷入套路之中，写出来的东西千篇一律。我们学习写作理论后，应当在理论基础之上进行自我思考，充分利用好论文写作方法、写作技巧，按照自己的思路、根据论文观点与内容进行写作，而不是对着固定的框架往里面凑内容。

四、增强写作的交流意识

写论文应该有一种交流意识，写作者要让自己的问题、论证和观点通过通透有力的表述明确展示给读者，能让读者很清晰地抓住自己到底想说什么、在说什么，进而吸引读者、感染读者。这要求论者表述准确、清晰，且语言不晦涩、思维不跳跃。有些写作者在行文时往往忘记了自己言说的对象是谁、目的是什么，自说自话，让读者不知所云。

此外，写作者也应该提高文章的趣味性和可读性，考虑读者的阅读感受，做到论文内容起承转合自然流畅、论文语言简明扼要文采斐然。

第四节　艺术专业词汇

想要让我们的论文更具专业性，在写作过程中就要尽量使用专业词汇。每一学科都有其专用术语，艺术专业也不例外，甚至艺术语言要更为独特，想要将艺术信息转化为写作，并让阅读者理解其中含义，必须借助专有的艺术词汇。在此，本书对艺术专业词汇进行简要介绍。通过这些艺术词汇去进一步分析艺术品、阐述艺术理论，是一种有效的写作方法。

一、艺术表现形式

作品依其表现形式可分为具象的、抽象的或非具象的（或意象的）。

①具象的艺术：以可辨认的形式表现在客观世界中可以被看见的物象。例如，达·芬奇的绘画作品《蒙娜丽莎》。

②抽象的艺术：从这个术语最纯粹的意义上说，涉及提炼或者"抽象出"一个事物或者一个形象的本质。艺术家创作出来的形式可以被辨认为自然界中的某种东西，虽然在某种程度上有点简单化或变形。比如毕加索的作品，大都采用抽象的画法。

③非具象的（或非再现的、意象的）艺术比纯粹的抽象艺术走得更远。非具象的艺术与自然界的形象毫无关系，一切可辨别的题材都被取消了。艺术家使用

各种要素和构图方法来表达自己的意图。非再现艺术的先驱者是20世纪的艺术家瓦西里·康定斯基。

就具象或抽象的作品而言，我们也会关注其属于什么题材或什么风格，它是神话画、肖像画，还是历史画？是风景画，还是风俗画（风俗画指再现日常生活的写实主义绘画）？对这个因素的确认将使我们加深对作品本身的理解。

二、形式要素

形式要素也指视觉要素，是由艺术家支配的基本元素。对使用什么样的形式要素和如何使用它们而做的种种选择，最终决定了作品将呈现什么面貌。形式要素包括线条、色彩、明暗度、肌理、形状、空间、时间和运动，还有声音和气味。

（1）线条

线条可以包含在作品内部各种形状的边界之内，也可以是轮廓线，这种线条确定了各种形状的轮廓。线条本身具有表现的含义，可以用诸如平静、激动、不安或温和等词语来描述。

（2）色彩

在讨论色彩的过程中，我们必须做的有：一是要考虑色彩的名称，诸如红或绿；二是注意使用的主要是原色（蓝、红、黄）的色调，还是间色（绿、橙、紫）的色调；三是注意色彩的强度或饱和度。简单地说，"紫色"是什么样的紫色？"橙色"是什么样的橙色？在这个颜色中，纯色越多，它就越饱和，或者说越强烈。色彩也分成暖色和冷色，例如，蓝色与红色相比，属于较冷的颜色，倾向于顺从、柔和，从而影响到作品的基调。

（3）明暗度

明暗度必然与明和暗的变化程度有关。在与色彩的关系中，明暗度使明亮有别于黑暗，如在"亮"蓝色和"暗"蓝色之间的区别那样。亮的颜色在明暗度中属于"高"的；暗的颜色在明暗度上属于"低"的。雕塑特别会受到光源的方向和强度的影响，也就是说，受明暗度的影响。我们还要注意明暗变化的层次是渐变的还是突变的。当看到一种强烈的明暗对比时，就是艺术家使用了一种称为明暗对照法的手段。

（4）肌理

肌理涉及触觉方面，即实际的肌理；涉及触觉方面的幻觉，即暗示的肌理。暗示肌理并不是那种在实际中能通过肉体感觉到的东西，而纯粹是一种视觉的感受。

（5）形状

形状指一个由于线条、色彩、明暗、肌理的作用而从紧挨着或围绕着它的空间中凸显出来的区域。线条和形状经常是密切相关的，虽说对创造形状来说并非一定要画轮廓线。实际的形状能够被眼睛清晰而直接地看到。然而，暗示的形状也可能存在于作品中。例如，一个三角形可以通过人物的安排而在视觉上被暗示出来，像文艺复兴时期拉斐尔有关圣母、圣子和圣约翰的那些画中表现的那样。

（6）空间

空间所关注的既包括作品的二维性，也包括三维性。绘画要运用二维手段，表现出三维深度的形象或平面性。作品到底是保持二维的视觉，还是给出三维的形象外观？如果选定后者，那么可以用某些画法去创造一种三维空间感。

（7）时间和运动

时间和运动的概念已成为现当代艺术品的形式要素。比较新的媒体艺术，如摄影、电影、录像等，它们更加明显地涉及时间和运动。

（8）声音和气味

虽然在较早时期的艺术品中，还未存在声音和气味的概念，但当代诸如装置艺术和表演艺术中已经开始引进这些新的要素。在富有创造力的媒介手段的作用下，艺术中使用声音和气味的可能性是无穷无尽的。

三、设计原理

设计是对艺术的各种形式要素的组织或构成。艺术家不仅要决定使用哪些形式要素，而且也要决定如何安排它们。设计原理赋予艺术品某种秩序感，在欣赏过程中愉悦我们的审美感官。在设计中使用最普遍的原理如下：

（1）平衡

平衡与艺术品中团块或块面的分配有关。如果沿着作品中央轴线方向往下划根线条，那么一侧会不会像另一侧的镜像（允许稍有不同）呢？如果是，那么我们得到的就是左右对称的平衡。如果不是，那么这个作品中就存在着非对称的平衡，即均衡。而辐射状的平衡是另外一种可能，各种构图要素从一个中心点辐射出去或者向这个中心点汇聚过来。

（2）统一性和多样性

统一性指同一性的条件或感觉，即不同要素和图像相互归属，最后形成一个一致的、整体的条件或感觉。统一性是通过形状、色彩、肌理、线条等的重复实现的。

（3）比例和尺度

比例和尺度都与尺寸大小有关。尺度指一个物体与同类的其他物体比较的相对大小。尺度涉及某个固定物体的尺寸，或者标准尺寸的大小，这种尺寸是我们认为在自然界中某种东西所具有的比例，指一部分与另一部分或者各个部分与整体在尺寸上的相互关系。例如，如果一个写实性的雕像的头部看上去过分大，那么它就是"不合比例的"。

（4）节奏

节奏指暗示秩序和连续性的相同或相似要素的再现或重复，这些要素包括线条、形状或色彩等。节奏也可以通过要素的交替变化或反复出现来建立。

四、媒介与风格

（1）媒介

媒介指艺术家在作品中用以进行表现的物质材料或技术手段。首先，确定艺术家主要以什么样的手段进行创作，如素描、绘画、雕塑、版画、镶嵌、陶瓷、计算机图像、拼贴、混合媒介、纤维艺术、装置艺术、表演艺术、摄影、录像、电影（影视）、建筑等。其次，讨论所使用的材料和特殊技术，如墨水、铅笔、油彩、蛋彩、丙烯、水粉、水彩、粉笔、木炭、黏土、木头、玻璃、金属、纤维、纸、沙、冰等。

（2）风格

在艺术作品中，风格的概念既包括艺术家的个人风格，也包括作品得以创造的时代风格。艺术家的个人风格是由独特的、反复出现的特征确定的。与风格有关的另一个需要考虑的因素是艺术品特定的时代风格。时代的概念涉及时间，可以有把握地说，在绝大多数时代，艺术家都以彼此相似的方式创作。许多风格，或者说运动，在一个时期同时存在也是非常普遍的，通常这些运动的名称以"主义"结尾，如印象主义、后印象主义、抽象表现主义、达达主义、超现实主义等。因此，经常有人问："这位艺术家属于什么主义？"这意味着他是在问："作品是在什么样的时代风格或运动的背景下创作的？"

五、形式分析

形式分析与形式描述并不相同。当进行形式描述的写作时，我们只把注意力集中于正在观看的东西，分析作品中所描绘的对象，以及在本节所讨论的某些形式要素和设计原理。例如,在一段形式描述中可能找到下面这句话:"一位身穿鲜红衣服的妇女,给均匀地摆放在倾斜桌面上的三个蓝色花瓶插上美丽的黄花。"

然而,形式分析不仅关注所见到的东西,也关注它为什么出现在那里,以及它是如何展示的。换言之,我们应当讨论为什么艺术家要做出这样的选择以及这些选择是如何影响作品的。此时,我们已经不是在做单纯的描述,而是进入了评价、推理和讨论含义的领域中。形式分析的开始可能与形式描述的开始相同,但是它将继续深入挖掘:"一位身穿鲜红衣服的妇女,给均匀地摆放在倾斜桌面上的三个蓝色花瓶插上美丽的黄花。从她鲜红的衣服散发出来的极大能量,被花瓶的蓝色以及花瓶的对称布置所削弱,只是因桌面斜坡暗示的侧倾的花瓶再度得到加强。"第二句话探讨了这些不同要素相互之间的作用以及对整个作品产生的影响。

第五章 论文写作的技巧

凡事都有一定技巧,论文写作自然也不例外。本章主要对论文写作技巧加以介绍,包括论文写作基本经验、标题写作技巧、摘要写作技巧、论文答辩技巧四部分内容。

第一节 论文写作基本经验

一、如何原创与创新

只要写作者追求的是写一篇高质量的论文,文中绝大部分内容就必须具有原创性,不能只在原有材料上粘贴、增减,否则写出的论文不仅质量不过关、缺乏相应价值,还可能涉嫌抄袭等学术不端问题。

想要增加论文原创性,最好的方法就是做实验、做问卷以及进行实证分析、数据分析,因为实验得出的数据、问卷调查的结果以及在此基础之上的分析都是独一无二的,是专属于写作者自身的材料。

在进行实验之前,我们先要设计好自己的实验方案、研究方法、实验目的和意义,最好对前人的研究进行参考,用比较成熟的实验法去做实验,从而达到事半功倍的效果。

调查问卷则适合研究一些相对简单的问题,因为难以只通过问卷就得出一些比较科学的结论。例如,我们想研究知识付费平台的用户的付费意愿,如果只针对100个人进行问卷调查是很难得出科学结论的。

我们也可以将做问卷和做访谈相结合,在问卷调查的基础上,进一步开展深度访谈。通过结构式的提问,从访谈对象的回答中得出结论。这里我们同样建议写作者可以多看前人的研究。一般来说,大多数文献都会将访谈的提纲、内容、结果完整地呈现出来。

除此之外，前文中所提到的搜集材料、阅读材料、使用材料也都是论文拥有原创性的坚实基础，通过对众多一手材料进行分析、研究、归纳、总结，不仅能够使我们的论文更具说服力，也能将论文的创新点凸显出来。

二、如何提高沟通效率

现实中，很多学生都存在这样的困惑，即在写论文时，总觉得和老师沟通效率不高。一次两次看似没什么关系，但长期下来会浪费很多时间，非常影响论文写作效率。那么，学生应如何提高自己和导师的沟通效率呢？本书在这里提供一些经验之谈。

其一，和导师勤沟通，避免"拖延症"。

如果我们不能做到积极主动和导师沟通，那么沟通效率的提高自然也无从谈起。有的学生明明写完了论文初稿，或者按导师要求做好了修改，却迟迟没有发给老师；有的学生已经收到了导师发来的反馈意见，可是没有及时对论文进行修改，中间这些拖延的时间便生生被浪费掉了。论文写作归根结底是写作者自己的事情，如果写作者自己都不上心，那么自然无法取得好的结果。

其二，充分利用现代办公软件。

时下现代科技发展速度越来越快，现代办公软件也为我们提供了很多新的便利，但很多学生似乎还没有发现个中实用之处，这里我们就结合论文写作的沟通交流进行简单介绍。

（1）利用视频分享屏幕功能

腾讯旗下的QQ软件具有视频分享屏幕功能，在导师对论文进行辅导时，我们可以建议老师用QQ视频分享屏幕的方式辅导，这样我们就可以看到老师的屏幕，仿佛老师在面对面为我们辅导论文。特别是需要修改细节和框架时，采用这种方式更能提高沟通效率。

（2）利用Word中的"修订"工具

在修改学位论文时，学生可以使用修订工具进行修改。Word中"审阅"菜单栏下有一个"修订"功能，使用修订功能后，我们修改的痕迹会被保留下来，老师可以清晰地看到我们在论文中删除了哪些内容、添加了哪些内容。当然，我们也可以请老师用"修订"工具辅导论文，这样能够更好地提高修改论文的效率。

(3) 利用在线文档的"记录"功能

写过论文,尤其是写过学位论文的人都知道,在电脑文件夹中,往往会堆放许多版本的论文,如图 5-1-1 所示。

> 毕业论文(1稿)
> 毕业论文(2稿)
> 毕业论文(3稿)
> 毕业论文(4稿)
> 毕业论文(终稿)
> 毕业论文(最终稿)

图 5-1-1 多版本毕业论文

由于论文写作时间很长,修改次数又多,很容易在修改过程中出现混淆的情况,造成不知道上一次修改的是哪个文档,导致出现或大或小的问题。而如果我们使用在线文档写作,就可以方便地看到各个论文写作的历史版本,我们做的每一次修改,都有记录保存。这样,就不用担心后期修改论文时混淆了。

此外,老师也可以从在线文档里看到学生修改的历史记录。当然,老师修改的历史记录,学生也可以同步看到。这样就可以节约更多时间,沟通起来更加便捷高效。

三、如何进行降重

对于部分写作者来说,降重是一项非常头疼的事情。有些人在降重时,会寻求 AI 帮助,然而 AI 降重是非常机械的,降重后的语句并不通顺,不仅有很多语法问题导致难以读懂,更可能改变语句原意,出现啼笑皆非或严重影响论文质量的情况。也有些人试图通过翻译转换达到降重目的,即先将重复的语句翻译成英文,再把英文翻译成中文,但这个办法也存在很大问题。通过反复翻译过的语句能否 100% 传递原意?是否存在语病问题?这都是需要我们慎重考量的。

因而,在降重时,我们要摒弃那些投机取巧的方法,把握一个核心要求,即反复揣摩文献材料,用自己的话语体系进行表述。在此基础上,我们可以采用如下几个小技巧。

(1) 复述法

我们可以先理解需要降重语句的含义,再按照自己日常写作习惯进行表达。在复述的时候我们还可以对需要降重的语句进行整理,改正那些不通顺、存在语病的部分，使之读起来更加流畅自然。使用复述法时要注意，不要随心所欲地复述为大白话，同样应当使用严谨、简洁、专业的论文语言。

（2）压缩/扩展法

如果需要降重的是一大段话，我们可以抓住其中最为关键的语句，即中心句。在保留中心思想/核心论点的同时，对内容进行压缩，并在压缩过程中对语句进行改写。如果需要降重的语句较少，我们则可以立足中心思想/核心论点进行扩写，使之在变得更为丰满的同时，也变成自己的语言。使用压缩/扩展法时要尤其注意，不要为了增加字数而"注水"，要让扩展之后的语句如其他部分一样具有逻辑性，不能变得啰唆，沦为套话、车轱辘话。

（3）替换词义法

我们可以把一些相近的形容词进行替换，如将"眼花缭乱"替换为"目不暇接"，将"栩栩如生"替换为"惟妙惟肖"。在替换时要注意，不要图方便胡乱为之，一定要把词语放进语句中通读一遍，不可以张冠李戴，错用、乱用词语。

（4）替换图表法

我们可以把一些文字改为图片、图表、表格等，将文字可视化，从而实现降低重复率的目的。使用这一方法要注意两方面问题，一是要注意文字和图表转化的匹配度，如果需降重的文字不适合转为图表，便不能强行为之；二是注意不能大量进行转换，否则整篇论文结构将出现失衡，且字数也可能变得不足。

这些降重技巧较为实用，可供写作者参考。但写作者一定要牢记，写好论文，一定要在写作初期就尽可能降低重复率。如果全篇论文都是在重复前人的研究，没有一点自己的创新，那么再好的工具、再好的技巧也是徒劳的。

四、注意细节之处

论文写作过程中，我们一定要对细节多加留意，本书对一些细节问题进行总结，希望能提供一些可供参考之处。

①现如今，电脑是我们论文的存储之地。然而很多写作者都曾遭遇过这样的问题，即电脑出现故障，连带着论文也无法导出，心血毁于一旦。因此，平日里我们需要树立这样的意识，即用云存储的方法做好文件备份，或者将文件发送至自己邮箱进行保存。不要过度依赖U盘或电脑，假使U盘丢失或者电脑损坏，我们面临的问题将十分棘手。

②遇到图片或书籍等资料时，可以先用手机对这些材料进行拍照，然后用图

片转文字的工具，将图片内容转为文字，也可以用 Word 里的有关工具，把图片的内容转化成文字，这样能够大大提升写作效率。但要注意一点，即在图片被转换成文字后，要进行逐字逐句的检查，避免转换过程中出现错字等问题。

③已经排版好的论文，要尽量将其转成 PDF 格式。这样格式就不会乱，因为 Word 的版本很多，彼此会存在不兼容的情况。所以在打印论文时，最好保存为 PDF 格式，避免出现麻烦。

第二节　标题写作技巧

"题目"是论文的"眼睛"，是一篇文章成功的关键。论文的标题将起到对全文"点石成金，妙语连珠，掷地有声"的表述功能，它直接影响到读者对论文的取舍态度。标题也是反映论文的总纲，是交代中心思想内容的靶心，是表示论述与验证的对象，其实就是把论文的主题，准确无误地告诉给读者。在收集资料、索引题录、查阅文摘时，最先被读者知觉选择的也是论文标题。

学术论文标题是论文的重要组成部分，是对论文的高度概括，是反映论文最重要内容的词语的逻辑组合。实践证明，从读者与编辑阅读的角度来看，标题会给人留下第一印象，应突出自己鲜明的特点，对每一个字都要审慎地选择。新颖活泼、富有动感的标题，能够满足读者求新、喜动的心理，刺激读者的敏感神经。论文标题要立意新、表达新，实事求是是写好论文所必备的基本素质。因此，本书专门对论文标题写作技巧进行阐述，希望写作者都能设计出出众的标题。

一、标题设计思路与写法

具体而言，设计标题名称时应该注意以下三点：

第一，明确突出。标题要能够揭示选题方向或论点，准确表达论文的中心内容，使读者知晓论文的大体轮廓、所论述的主要内容以及作者的写作意图。论文的标题一定要含义确切、实事求是，切忌使用外延性强的词语，也就是不要使用模糊的、有歧义的词语。标题错误可能会造成文不对题的重大失误。

第二，言简意赅。论文的标题在确切反映研究的主要对象和内容的情况下，应简短精练。过长的标题会因为涉及内容过多，模糊重点，使读者失去阅读的兴趣和耐心，也会暴露作者难以驾驭语言文字的弱点。同时，标题也不能过于抽象、空洞，尽量避免使用自造词、生僻字，切忌卖弄文采、哗众取宠。

第三，具体准确。标题不宜用辞藻华丽的短句，应避免用诗句或是某种抽象又空灵的指称，不过有些标题虽然具体、平易，但是研究指向不明，也不吸引人，或不妥当，如《宋体字研究》《明式家具研究》。虽然"研究"一词出现在标题里，是一种非常普遍的用法，但一般来说，"研究"作为申请研究类课题的标题比较合适一些，它可以用来表明其主题以外的研究属性，但当发表的论文本身已是研究成果，且内容主题和结论都已经明确时，也就没有必要再加"研究"一词了。再如《苗族图案在家纺设计中的应用》《流行色在工业产品中的应用》，从标题上就已经凸显其不是研究性论文，也不是应用研究的论文，因为从题目上我们看不出其将采用什么研究方法进行应用。

如果可以做好以上三点，艺术专业论文标题可以尝试挑战新颖风格。如今学术论文浩如烟海，如果可以做到既不标新立异，又不落窠臼，使读者眼前一亮继而被激发阅读兴趣，那会使论文再上一个层次。比如《谢列特"反叛性"风格下的海报女性形象探析》，标题一共18个汉字，中心语就将研究范围中的女性形象和海报设计重点提出，又用艺术家姓名缩小了研究范围，再通过双引号强调了设计风格。这种标题用名词意象将研究对象的形象投射到读者头脑中，使得整个文章主题简明扼要又活泼生动，既合理规范又激发了读者的兴趣。

适用于艺术专业论文的标题有以下几种常见写法。

（一）揭示课题的实质

这种形式的标题，高度概括全文内容，往往就是文章的中心论点。它具有高度的明确性，便于读者把握全文内容的核心。此类的标题很多，也很普遍，如《苏轼文人画理论的批判》（顾平）、《对学校美术教育内容的新思考》（顾平）、《对中国电子音乐发展脉络的梳理与评估》（张小夫）、《音乐剧〈悲惨世界〉创作艺术特征分析》（廖向红）等。

（二）交代内容范围

这种形式的标题，从其本身看不出作者的观点，其只是对文章内容的范围做出限定。拟定这种标题，一方面是文章的主要论点难以用一句简短的话加以归纳；另一方面，交代文章内容的范围，可引起同仁读者的注意，以求引起共鸣。这种形式的标题也较普遍，如《沉浸式虚拟现实交互艺术设计研究》（吴南妮）、《中国绘画史中的米氏云山》（张利勇）、《论中国传统音乐的保存和发展》（黄翔鹏）、《中国武侠电影的历史与审美研究》（倪骏）、《坐在椅子上的塞尚夫人》（鲁道夫·阿恩海姆）、《东夷艺术中的鸟图像》（巫鸿）、《阿拉尔出土的两件锦袍》（赵丰）等。

（三）采用形象化的语句

这种标题非常难以驾驭，如果没有足够的综合知识积累，很容易出错，不要轻易尝试。当然，优秀的标题非常多，如《静坐山斋月，清溪闻远流——避暑山庄清溪远流清代乾隆盛期原貌复原设计研究》（黄畅）、《"有所为"亦"有所不为"——论音乐类非物质文化遗产保护的基本理念与实践方法》（桑德诺瓦）、《爱的拯救——从古老童话到荒诞寓言——莎士比亚〈李尔王〉解读》（杨健）等。

（四）运用设问形式

这种形式的标题，从设问切入，能够利用悬念引起读者关注。例如，《设计与非物质性：后工业社会中设计是什么样子？》（亚伯拉罕·A.莫尔斯）、《石窟是否为禅观修行而设？》（汪悦进）、《传统信念与习俗：是否有一些比另一些好？》（罗伯特·埃杰顿）等。此类题名从命题角度看，属于直言命题或称性质命题，是属于判断事物是否具备某种属性的简单命题。

（五）质疑、考订已有答案

这种形式的标题，主要用于陈述某一情况是另一种情况的条件。如《中国祖庙的起源》（凌纯声）、《北宋汴梁雕版印刷考略》（宿白）、《张择端及其作品的年代》（金维诺）、《〈诗经〉原意研究》（家井真）等。

（六）采用比较方式提炼观点

这种形式的标题重点突出比较内容。如《山水画南北宗说辨》（启功）、《东西方古籍中的"世界树"》（中西嘉进）、《包豪斯与乌尔姆》（欧托·艾歇）。

（七）从方法论的角度拟题

这类标题的命题可归入选言命题或析取命题，用于陈述某事物的几种情况或在其属性中至少有一种属性存在的情况。如《大众传播模式论》（丹尼斯·麦奎尔）、《设计宣言：设计实践中的修辞、说服与说明》（理查德·布恰南）等。

二、论文标题常见错误

（一）滥用副标题

现实中，很多人在设计论文标题时存在滥用副标题的情况，认为加一个副标题看起来更显"专业"。其实，论文标题最要紧的是准确、简明，添加副标题应充分考虑其必要性。

1. 不宜采用副标题的情况

（1）含义重叠，造成画蛇添足

正、副标题表达的内容与意思大致相同，只是表达方式、表达角度有所不同，此种情形下增加副标题未能提供更丰富的信息量时，不宜设置副标题。

例1：打开专业课程的思想政治教育之窗——专业课程融入思想政治教育的思考与实践

该论文的正、副标题表达的意思基本相同，只是表达的体例不同，因而没有设置副标题的必要。

例2：浅谈科技期刊差错率的认定——兼议《科技期刊编校质量差错率计算方法》

该论文的正标题与副标题均表达了对科技期刊差错率认定的思考，论点方向性一致，不存在"兼议"的情况，该副标题应予以删除。

（2）人为割裂，导致言不尽意

当采用正标题即可完整地表达语意，且不存在题名过长、成分复杂等问题时，若人为地将其一分为二，导致正标题所表达的内涵与论文实际不完全相符，或令读者阅读题名时产生歧义，则不宜设置副标题。

例1：劳动力外流对农村家庭养老问题的影响研究——以山西省为例

该论文的研究出发点、对现状和问题的分析、研究对策的提出都仅针对山西省，将主标题中的"山西省"分割至副标题，会让人产生论文是以山西省为切入点对全国的问题进行研究的误解，因此该题名宜修改为"劳动力外流对山西省农村家庭养老问题的影响"。

例2：亚洲应用语言学研究——路径、模式、预测

副标题完全概述了论文的研究内容，主标题却使用了含义模糊的"研究"字样，造成研究对象和研究内容的人为割裂，该题名应修改为"亚洲应用语言学的路径、模式与预测"。出现这一问题的原因通常是作者想要用含"研究"字样的题名来拔高论文的理论高度。

（3）刻意求新，前后南辕北辙

当题名中正、副标题表达内容的含义差距较大，从字面无法判别二者间的关联性时，不宜设置副标题。

例如：新时代背景下创建新型党建的路径研究——关注青年就是关注未来。

该论文的主要内容是强调坚持关注青年、凝聚好青年是新时代背景下创建新型党建的重要路径。若不了解论文内容的人仅看题名，正副标题前后表达的意思毫无关联，不具有自明性，令人无法理解作者的写作意图。该副标题不应保留，或修改为"关注青年是新时代背景下创建新型党建的重要路径"。

（4）烦琐冗长，谨防滥竽充数

副标题所包含的是显而易见或无关紧要的内容，对正标题的内容补充属于可有可无时，此种情形下不宜设置副标题。

例如：思政教育在成人教育工作中的几点思考——从习总书记在全国教育大会的讲话引发的思考

该论文的副标题不是对论文主旨内容的阐述，只是交代了作者的写作背景，并不属于题名必须含有的重要信息，因此无须特别说明，可直接在正文的研究背景中交代。

2. 学术论文宜采用副标题的情况

（1）限定内容，防范名不副实

当仅采用主标题时，研究对象、研究角度、研究范围等限定内容难以得到高度概括和集中表达；或限定内容过多导致题名冗长，会造成读者的理解偏差，影响题名的信息表达和传播时，需要采用副标题。

例如：网络直播用户的持续使用行为及主观幸福感——基于期望确认模型及准社会关系的理论视角

文章的研究视角是研究结果的主要支撑，但将其置于主标题中会造成题名冗长难懂，此时宜将相应的内容列于副标题中。

（2）补充说明，弥补意犹未尽

当主标题不足以完全表达作者研究观点时，需用副标题对特定内容进行解释说明或者含义引申。

例1：论中华美学的诗学化特性——兼论美学与诗学的关系

该论文有两个核心论点——特性和关系，且这两个论点存在某种相关性，此时宜用副标题予以分别阐述。

例2：从"星簇计划"到"双星计划"——中欧空间科学合作的发端

该论文是一篇关于科学事件的综述，主标题概述了该科学事件的发展过程，而副标题对其进行更明确地解释和阐述，该副标题宜保留。

（3）强调重点，实现引人入胜

题名是论文的眼睛，除了有准确性、简明性、创新性的要求外，还要能吸引读者注意力，给人留下深刻的第一印象。将文章的重点用冲击性的词语或句子置于主标题，再通过副标题揭示文章主旨，这种凸显新颖性的题名往往能达到"引人入胜"的效果。

例如：自然的人化、自由的形式与情感的境象——后现代语境下美的本质的再探索

该论文通过主标题将研究的重点摘取出来，不仅让人窥一斑而见全豹，还留下深刻的印象；副标题则向读者阐明了论文的研究目的。

（4）区别显示，突出承前启后

有部分学术研究结果是对先前研究的改进和优化，这类论文采用含副标题式的题名，可以显而易见地体现出二者间的差异性，如条件、方法、角度、结论等的不同；或能体现学术研究的延续性，表明该研究结果在研究延续过程中所处的阶段。

例如："一带一路"背景下的东北亚区域合作——基于对复合地区主义的再思考

（5）丰富热词，做到一枝独秀

题名的一个重要功能是给二次文献机构、数据库提供收录和检索。以副标题的形式增加题名所包含的关键词，不仅使文章的核心论点更加突出，还能增加题名被检出的概率，提高文章的显示度。

例如：农村教育治理现代化：科学内涵、形态变迁及实践路径

（二）"初探"的使用不严谨

"初探"常用于题名，意为初步探讨或探索。当代语言学家不赞成文章标题随意使用"初探"一词，认为有失严谨，甚至提到了学风的高度。一般来说，一个论题是不能随意冠以"初探"的，除非写作者遍索了此领域所有的文献，有把握断定自己的论文确实是学术界第一次探讨这个问题。一个选题往往只是从不同角度进行研究，谈不上"初探"。

例1：文学作品在旅游景区开发中的作用初探

例2：巧用导语，先声夺人———语文教学中的导语设计初探

例1和例2这样的选题早已有人探讨，不能说是"初探"，只能说是作者的

第一次探讨。可供选择的词汇很多，不一定必须"初探"。事实上，这两例的"初探"属于词语赘用，是多余的，删除后不影响意思的表达，且更加简洁。

（三）连词误用

"及"，连词，连接并列的名词或名词性词组，用"及"连接的成分多在意义上有主次之分，主要的成分放在"及"的前面。"及其"由"及"和"其"组合而成，表示的意思为"和他（她、它）的""和他（她、它）们的"。在标题中，"其"指代的是"及其"前面的成分，"及其"后面的成分则是由前面的成分引申而来，后一成分从属于前一成分，前、后两个成分具有相关性，能够相互搭配。

标题的连词误用主要是指"及"和"及其"的使用不当，将"及"误用为"及其"，或将"及其"误用为"及"。

例1：《孟子》的道德价值观及启示

例2：缩略语使用的层级性特点及其规范问题

例1从语法上讲，用"及"表明"道德价值观"和"启示"是并列关系，但从正文的意思看，两者并不是并列关系，而是领属关系，"启示"从属于"道德价值观"，即道德价值观的启示。因此，"及"应为"及其"，此标题应改为"《孟子》的道德价值观及其启示"。

例2的主题是讲缩略语的使用，关键词有两个：层级性特点和规范问题。用"及其"意味着"规范问题"从属于"层次性特点"，成为"层次性特点的规范问题"。但从正文看，规范是缩略语使用的规范，不是层级性特点的规范。因此，"及其"应为"及"，此标题应改为"缩略语使用的层级性特点及规范问题"。

（四）"的"的漏用

在标题中，"的"字多用少见，漏用常见。"的"字在不影响语法、语义和语感的情况下可以省略，否则不应省略。如果加上"的"字，结构更清晰，意思更明确，节奏感更好，那就应该加上，不要漏用。

例1：《开明国语课本（初小）》（的）价值取向考察

例2：例谈文言文教学（的）词语品读法

例3：《赤壁赋》"风"（的）意蕴探析

以上各例谈不上错，但加上"的"字，读起来更有节奏感，意思更明确，尤其是几个名词连在一起的时候。否则，读起来难免有别扭之感。

（五）词语的赘用

简洁是学术论文的语言风格。标题是文眼，更须字字计较，惜字如金。然而，学术论文中经常存在词语的赘用现象。所谓赘用，就是没有必要用，不用不损害原意，用了不符合简洁的要求。标题字数有限制，不应有冗词，只要不影响意思和语感，能省则省。但是，冗词赘语常见于一些标题中，主要体现在标题常用语如研究、探析、试论的使用上。

例1：苏童长篇小说《米》中的概念隐喻翻译策略研究

例2：试论学前教育专业的师范生如何进行儿歌创作

例3：功能语言学视角下浅析英汉语古典诗歌语篇特征

例4：新形势下高校汉语教学的问题与建议探索

例1的"的""研究"都可以删除。例2的"试论"，可以删除，不影响原意且更加简洁。例3的"浅析"在中间，同样可以删除。例4的"探索"略显赘余，因为标题中已提到建议，即作者的肯定意见，不必再用"探索"，可以删除。

第三节 摘要写作技巧

摘要虽然在论文的开篇出现，但是，写作摘要却要在论文基本完成后才动笔。因为只有在论文的所有章节都写完后，才能纵览论文的全貌，才能知晓论文的研究结果，才能去提炼、总结。

在实践中，常常存在这样的情况，即学生写完了论文正文，却迟迟写不好摘要，或者写出来的效果并不理想，不能起到摘要本身的作用。摘要可谓是论文的"浓缩的精华"，也是论文的"门面"，为此，本书专门对摘要写作技巧进行阐述。

一、摘要的写作要求

在写法上要注意以下几点：

①尽可能省略"本文""笔者""本研究""作者"之类没有实质意义的主语；

②尽量不重复题名、小标题，避免重复引言、结论用过的写法，不做内容讨论、阐释和过程说明；

③除非必要，一般不罗列数据，不附图表、公式，不宜出现常识性概念、说明，不建议采用分段或条目式写法；

④为了国际交流的需要，论文应有外文（多用英文）摘要，外文摘要置于中文摘要下方，或另页。

二、摘要的撰写方法

（一）写作方法

在此提供两种具体的写作方法供大家参考：

1. 罗列标题，连接成文

我们可以将论文本论部分的各级标题集中罗列出来，按照自己最初的写作思路，找出最重要和最具新意的观点，先将其分别审视斟酌，看是否能完整准确表述论文原意，再结合绪论中的问题（背景）和结论部分，使用过渡语或连接词连缀成文，使之形成一段独立通畅的文字。

2. 把握中心，独立成文

只要是作者写作之前确有思路，写作中独立写作，初稿完成后及时撰写摘要，一般就能按照自己写作论证的思路写出一段符合论文基本观点的文字作为摘要。这种方法适合写作思路清晰、写作基本功较好且论文篇幅和初稿搁置时间不是很长的人，否则容易造成重要项的遗漏。

（二）写作要点

摘要撰写时还应注意以下问题：

1. 避免空洞务虚

这种摘要表现为文字内容不涉及实质性的观点，废话过多，基本为无效信息，阅读者看完摘要，还是不知道论文的中心思想是什么。

2. 结构层次合理

不管使用哪一种方法，只要论题切分合理，文章结构就会清晰；只要标题明确务实，观点提炼就会准确；只要论证方法严密，得出结论就会有力。这样摘要的撰写也就相应变得很轻松。如果论文本论部分采取的是并列式结构，摘要中的观点阐述也会体现出并列特征；如果论文本论部分采取的是递进式结构，则摘要中的观点阐述也会体现出递进特征。只要原文论证的条理清晰，摘要撰写时跟着走，摘要层次也一定清楚。

3. 力求文字润色

摘要是独立成文的信息段，是论文的精髓之所在。与论文最大的不同只是在于其没有详细的论证过程，但其与论文传递信息的指向是完全一致的。在某种程度上，摘要还是引起人们关注论文的一扇窗，所以，摘要在做好内容传达的基础上，其遣词造句一样值得我们重视，力求做到短小精悍、字字珠玑。

第四节　论文答辩技巧

与期刊论文不同，学士论文最终面对的不是期刊编辑，而是答辩专家。现实中，到了毕业季，很多学生一想到要进行答辩就心生胆怯，在答辩时战战兢兢，往往因为紧张、畏惧而发挥失常，过后颇为后悔。也有很多学生不知道应当如何应对答辩，以致临到答辩还没能准备充分。在本节，我们将对"答辩"进行全方位梳理，阐明其意义、应做的准备和一些实用技巧。

一、答辩的意义

对于学位论文来说，文稿脱手，并不等于大功告成，因为学位论文还必须过最后一关，那就是答辩。

首先，申请进行答辩的论文，未必就能获准进行答辩。学校一般会聘请有关专家三人为评阅人，对论文进行评阅。如有两位评阅人对论文持否定意见，该论文就没有资格进行答辩。

其次，获准进行答辩的论文，经过答辩，可有三种结果：第一种是答辩通过，达到学位的要求，可提交学位评定委员会，建议授予学位。第二种是答辩通过，但是尚需修改、完善，再经导师认可后提交学位评定委员会，建议授予学位。第三种是答辩不通过，对于答辩未通过的论文，经答辩委员会的同意，论文作者可在规定时间内，对论文进行修改，重新申请答辩。

学位论文答辩，是学校对学位申请人综合能力的一次考核。答辩委员会不仅要对学位论文的水平做出评价，还要围绕论文对学位申请人的综合能力进行考问。学校对论文答辩工作是非常重视的，每一场答辩会都要组织一个由与论文有关学科的专家组成的答辩委员会，来主持论文答辩工作。通过论文答辩，可以考查出论文作者的学术修养，如对与论文相关学科的基本理论掌握到什么程度，对论文所涉及的课题的研究历史与现状熟悉到怎样的地步，独立地进行科学研究的能力如何，在科学研究中有没有创新的精神，知识面的广度与丰富度如何，撰写论文的能力如何，驾驭语言的能力如何。还可以看出论文作者的即时应变能力如何，思维是否敏捷，口头表达能力如何，有没有论辩的才能，等等。总之，通过学位论文的答辩，基本上可以对学位申请人学术上的综合能力做出比较准确的判断。因此，把学位论文答辩的结果作为评定学位的决定性的根据，是完全适当的。

对学位申请人来说，论文答辩是向专家请教和学习的一个难得的机会。答辩委员会一般由五位专家组成，除了有本单位专家之外，还必须有外单位专家，因此可以说是一个特殊的专家组。由这样的一个专家组来为我们的论文把脉，论文的长处与短处、强项与弱项，都将会暴露无遗。若我们能认真地听取和思考专家们的意见，不仅对进一步修改和完善论文大有益处，而且，对提高自己做学问的能力，也会有很大的帮助。

还有，答辩会既是对学位申请人学术能力的全面考察，同时，也给其一个全面地展示自己学术能力的平台。常言道，燧石要加以敲打才能发出火花。答辩会上，答辩委员会向学位申请人提出一个接一个的问题，学位申请人便可以在接连不断的回答中，把自己的理论素养、知识储备、思维的敏捷度、善辩的才能等能力适当地表现出来。

论文答辩还有一个功能，即辨别真伪。不可否认，青年学生中也有极少数不诚实分子，他们耍小聪明，不老老实实地做学问，而是施行剽窃，论文造假。论文答辩对造假者和剽窃者来说，是一道过不去的鬼门关。剽窃和造假的行为，是绝对逃不过论文评阅人和答辩委员会专家们的火眼金睛的。专家们通过审阅论文和考察答辩这两道工序，必将使剽窃和造假的论文无所遁形。

二、答辩前的准备

我们应从以下几个方面为答辩做好准备。

（一）熟悉论文

学位论文提交后一般很快就要进行答辩了。艺术学专业的学生此时进入了毕业创作的紧要阶段。但是，此时切不可认为将论文提交了，就可以抛开不顾。答辩不及格者，则成绩不及格。如果对自己论文不熟悉，答辩时也会出现窘态。在论文答辩时，评委会将针对论文文本中出现的问题或写作者口头阐述时出现的问题进行提问，让答辩者当场做出回答，从而进一步审查论文的写作质量，以及写作者的专业知识基础、学术研究的态度和能力等方面的情况。如果论文写作者在答辩时显示对所著论文的不熟悉或不理解，不仅影响评委对论文质量的判断，还可能被认为论文写作涉嫌偷懒或抄袭行为。

学生要顺利通过学位论文答辩，就必须有针对性地做好准备。首先熟悉自己的学位论文内容并有比较深刻的理解。熟悉论文不是只关注自己的论文文字，而是需要对自己的选题、写作的关键问题、自己的观点、论文运用的资料和图片、论文研究的方法和过程等做进一步的推敲和研究，让思路更加清晰，对论文的不足和论文的结构都了然于胸，甚至重要内容还需要记忆和背诵。特别要对自己论文题目所涉及的相关问题进行深入思考，准备应对评委的各种质疑和提问。对于论文涉及的一些基本理论和基本观点需要进一步弄清楚，不能一知半解，还有一些专业术语也要明确基本含义。这是为回答答辩评委提问的必要准备。

严格说来，论文答辩当然是围绕论文进行，提问也不会脱离论文内容。在研究生和本科生的学位论文答辩中，往往由于答辩学生较多，给予每一个答辩者的陈述时间和回答问题的时间都很有限。因此，整个论文答辩过程不仅会紧紧围绕论文论题进行，而且容不得有什么闪失，一旦出现一问三不知的情况，或者出现基本知识的理解错误，那也就没有什么机会去弥补了。

如前所述，答辩委员会中往往有着多名专家学者，可谓是一个学术团队，其鉴别论文的能力自然比一个指导老师更强，往往鉴别论文的角度和观点也不尽雷同。因此，学生不仅应该积极熟悉自己的论文，而且，还应该从多角度审视自己的论文，自己给自己挑刺找麻烦。只有通过这样的准备和"熟悉"，才可以做到答辩时心中有数，临阵不乱，甚至通过答辩弥补自己论文写作的一些不足。

（二）必要的文案准备

1. 写好论文要点自述报告

答辩会的一个重要环节是学位申请人做学位论文要点自述报告。这个自述报告，与答辩成功与否关系重大。自述报告讲好了，就为整个答辩开了一个好头，学位申请人就会充满信心地去迎接之后的答辩。反之，如果自述报告没把论文要点说清楚，或是思路混乱、条理不清，或是语言啰唆，或是超过了规定的时间，学位申请人就会心慌意乱，这种不良情绪会对后面的答辩造成极为不利的影响。所以，论文要点自述报告很重要，学位申请人对此一定要认真对待。

写论文要点自述报告不是一件容易的事。一篇学位论文有几万字（硕士论文）或十几万字（博士论文），而做论文要点自述报告的时间仅为二三十分钟（硕士论文二十分钟，博士论文三十分钟）。二三十分钟的讲稿，字数约几千。仅用几千字把几万、十几万字的论文的要点讲明白，不是一件容易的事情。因此，如果事先不做充分准备，自述报告很难做得令人满意。

要写好自述报告，需要有一种钩玄提要的本领。看到这里，可能有的同学觉得着急，自己没有这种本领该怎么办？其实，本领从实干中来，练习撰写学位论文要点自述报告的过程，也是培养和砥砺钩玄提要本领的过程。自述报告写成了，钩玄提要的本领也就初步练出来了。

在准备论文要点自述时，我们需重点把握以下几方面内容。

①时间控制到位。宁少一点勿多一点，不超过规定的时间。一旦超过，评委也许会让答辩者到此打住，不要再说下去了。言犹未尽，这样对自己不利的局面，谁都不愿意看到。

②突出展示重点。论文陈述也是学生自我表现和自我修饰的机会，要借助需要展示论文的"优点"，弥补论文的"不足"。如果一些该说的没说出来，也是令人遗憾的事。因此，在有限的时间内，文案的字数和内容一定要反复推敲，重点突出、条理清晰、简洁明了，但可以口语化一些，生动和流畅的表述也能加分。

③陈述内容首先应紧紧围绕自己的选题或题目来展开。以论文题目为中心展开陈述会使评委清楚论文情况，有利于对论文给予肯定。一般要陈述五个方面的内容：

A. 该选题是什么意思？

B. 为什么要选这个题目？

C. 你是怎样研究这个题目的？

D. 研究的主要内容有哪些？

E. 你的观点和结论是什么？

答辩者应该针对论文做出系统和简明的陈述，以显示论文的选题是有价值的，其研究方法是科学的，研究工作是勤勉和严谨的，重点突出自己对于论文研究的深入程度，提及论文的创新点或个人的观点，或者论文研究中的新贡献。可指出进一步研究的设想，但不宜过多指出自己论文写作的不足，这个部分留给评委来指正。陈述时还要注意应具有辩证思维，具有问题意识。总之，需要清楚自己论文的长处和短板，要想办法把论文的长处展示出来。

自述报告写好后，为慎重起见，最好在同学或亲友面前试讲一次，看看吐字、语气、语速、时间是否合适，如有不当，随时改正，以便能在答辩会上获得最好的效果。

2. 制作展示PPT

论文答辩时的个人陈述阶段，需要PPT幻灯片同时进行演示，PPT的制作质量也就成为答辩效果的一部分。

PPT制作也是艺术专业学生的一项基本技能。需要注意的是，PPT只是答辩陈述的一种辅助手段，而且PPT是用于学术论文答辩，不宜太花哨，图片、图表也不宜太多。在网络上搜索"论文答辩PPT模板"等字样，有许多模板可供参考。PPT文字要尽量简略，提纲挈领，特别注意不要把自己需要陈述的每一句话都在PPT上写出来，让评委觉得你的流利陈述只是背功好。

（三）为应对答辩会中的提问而做的准备

学位申请人的学位论文自述报告结束之后，就进入答辩阶段。答辩的过程是这样的：首先，答辩委员会主席代表答辩委员会向学位申请人提出一至两个问题，这问题是答辩委员会事先商定的。学位申请人被允许有短时间（硕士为10分钟，博士为20分钟）的准备，然后进行答辩。

答辩结束之后，各位答辩委员开始自由即席提出问题，学位申请人需一一做出回答。

答辩委员会可能会提出什么问题呢？这是学位申请人最为关心的事情。虽然针对每一篇论文所提的问题，都是特殊的、各不相同的，但是从总体来看，对论文所提出的问题是有某种共性的，主要包括：A.对论文的核心论点反复质疑、问难；B.对论文所涉及的基本理论反复进行诘问；C.对论文所提到的一些重要的知识点进行考核；D.就论文所涉及或与论文有关的著作和观点进行盘问；E.论文的弱点往往是追问的焦点。还有的提问比较具体，譬如，请说出和你论文研究的艺术家在艺术上相近或相对的其他艺术家的名字，并简要做一个对比。你对你研究的艺术家进行过采访吗？采访了几次？怎么采访的？你论文中的图片是从哪里获取的，你认为这个图片具有代表性吗？等等。上述范围内的问题是无须格外准备的，平时加以留意就可以了。

评委常会在辨别论文真伪和测试答辩人的能力与水平上花心思。有时，在答辩席上被评委提问较多，也许并不是因为你的论文有更多的问题，而是评委认为你可能足够优秀，想进一步对你进行测评。

临近答辩前我们还需要知晓评委的组成名单，了解评委的专业优长。有的评委是老评委，在往届的毕业答辩中经常出现，对他们的提问角度和方式进行了解也不难。

此外，前文讲到，论文修改的方法之一是虚心求教，我们的论文如果请有经验的师长和亲友看过，他们既熟悉你的论文所研究的论题，又有写论文的知识和经验，他们会就你的论文的薄弱之处和疑难之点提出问题，这对你准备答辩是很有帮助的，因为这往往也是答辩委员会的委员们会注意到的地方。

（四）保持充沛的精力

答辩，对学位申请人来说，肯定是一个精神高度紧张的活动。面对答辩，一定要保持充沛的精力、清醒的头脑、集中的精神，这样才能迅速抓住答辩会中提出的问题要害，迅速进行思考，做出尽可能好的回答。有的人为了准备得更加充分、周到，往往在答辩前夕还要加班加点、临阵磨枪，甚至开起夜车，通宵达旦。第二天到了答辩会上，身心俱疲，晕晕乎乎，头昏脑涨。这样答辩达不到理想状态，就连正常水平也发挥不出来，岂不是得不偿失？况且，前文提到，为答辩是不用做格外的准备的，临阵磨枪也是完全不必要的。答辩前几天，放松心情，好好休息，使自己变得精力充沛，这才是正确的做法，也是应有的准备。

（五）其他准备

学生在答辩前需要准备好学位论文（设计）任务书、论文打印稿和答辩需用的提要文本、PPT 演示稿，以及其他必要的资料，如纸、笔，U 盘里还需要准备好自己平时的艺术创作和毕业创作的相关图片、论文研究的采访资料等，以备不时之需。准备回答评委提问的资料，有时并不限于"论文本身所涉及的学术问题"。如果论文运用了考察法、问卷法等研究方法，需要准备好在进行考察和问卷时的原始材料，包括摄影图片、影像材料、录音资料、问卷表等。如果论文研究了艺术家个案，最好准备一些第一手材料，以显示自己的研究是可信的。不要忘记带上自己装订成册的学位论文，并在论文中提前标注一些注释和进一步的讨论文字，评委有可能提及的地方还可用书签定位，以免答辩时紧张忙乱，找不到地方。

论文正式答辩前，论文的交叉评阅工作已经结束。在有些院校，会把论文评阅专家的意见告知学生，特别是意见部分的内容，学生要引起重视，反复思考，有时间的话，还要进行论文的修改。

答辩时论文写作者应该鼓起勇气，相信自己经过认真的长时间的研究、思考与修改，论文写得不错，准备也很充分。这样的心理暗示，有利于让自己在答辩中从容而自信，发挥正常。

三、答辩中的礼仪

（一）衣着打扮

着装要与环境协调。毕业答辩是一个庄重、严肃的学术场合，在这种场合里，所有人员一般都应该讲究一下自己的穿戴，不能太随意。作为要进行答辩的毕业生，衣着以朴素大方的正装为宜，穿得邋邋遢遢，或者奇装异服，与答辩会的氛围不相称，都不可取。仪表要庄重平和，不急不躁。

我们都知道毕业找工作的面试环节，为了争取印象分，毕业生们大多对着装十分在意。可是，对于毕业答辩，有的学生却以为可以随便一些。其实，毕业答辩的着装要求一点不亚于其他任何正式场合。关于着正装的一些要求和搭配原则，可以通过网络搜索进一步了解。

（二）谈吐举止

1. 开始与结束环节

答辩者进入答辩席后，要向评委主席、评委和在座的导师、同学一一进行礼节性的问好，并行鞠躬礼，再进行简单的自我介绍。例如，"尊敬的答辩主席，尊敬的各位答辩评委，在座的各位导师、同学们，上午好！我是××级××专业的研究生×××，我的导师是×××教授。现在我开始我的论文陈述。"答辩结束时同样要对评委行鞠躬礼并表示感谢，这两个环节，需要答辩者表现出自己的教养和礼貌。

2. 个人陈述环节

个人陈述时，不能照本宣科地念事先准备好的答辩提纲，一定要提前把陈述发言的内容烂熟于心，甚至背诵下来。答辩语言应采用普通话，吐词清楚、语速适当、声音大而清晰，要像在讲台上授课一样，举止自然，胸有成竹。尽量让评委和场内的人有一个良好的听觉效果。有的评委会很在意这个环节，如果照稿纸一个字一个字念，无非说明自己对论文不熟悉，准备也不充分，留给评委的第一印象就不好了。如果说话速度过快、结巴或含糊，以致毕业答辩专家听不清楚，也会影响毕业答辩效果。

答辩者不能在论文答辩过程中始终直挺挺地站着，全身僵硬、一动不动，或者始终低头弯腰关注自己面前的电脑，旁若无人。当然，如果准备不充分，也可能出现战战兢兢、气短心虚、语无伦次的状态，这样的状态会让人感到答辩者缺少锻炼、很不成熟。所以在论文答辩前，一定要熟悉论文，做到胸有成竹。答辩时注意使用恰当的体态语言,并使自己的目光时常与评委与听众接触。总之,答辩的行为举止要自然、自信、轻松、得体。

3. 提问环节

在回答提问时,首先要听清楚答辩评委的提问,并确保在回答中不遗漏任何一个评委的任何提问。当答辩委员们提出问题时,我们一定要沉住气,要用心地、仔细地倾听,吃透问题的要旨,然后紧扣要旨,稍作思考,从容作答。切忌仓促应对,还没有弄懂问题的真意,没有抓住问题要害,也没有过一过脑子,就随意作答,结果答非所问,以致提问者不得不打断答辩者,提醒答辩者跑题了。这样,效果就变得很不好。

由于答辩时的紧张,对一些提问一时反应不过来,或不能把握,也不要慌乱,答辩者应当及时表示自己需要一点时间考虑一下,或向评委申请给予一定的提示,答辩评委这时常常会对答辩人改变提问策略,采用启发式或引导式的提问,以降低问题难度。

答辩委员们可能会提出五花八门的问题,而有些问题所涉及的对象、知识,是答辩者所不知道、不了解,甚至闻所未闻的。对于这种情况,答辩者一定要以诚实的态度回答说:"很惭愧,我不知道。"答辩委员们绝不会苛责学生欠缺知识,反而会赞许学生的诚实。最犯忌的是,由于怕被认为无知而不知装知、不懂装懂,于是胡乱猜测,瞎蒙一气,这样会给人留下一个不认真、不坦诚的印象。

对答辩委员提出的系列问题,不能遗漏,可进行分类回答,也可以按问题提出的先后顺序逐一回答。回答问题时一般需要说"我现在回答×教授(老师)提出的××问题"。有的评委喜欢发表自己对相关研究课题的意见,往往不急于提问,或者甚至根本不提问题。对于答辩委员所讲的意见,答辩者要注意聆听,也可以进行笔记,评委专家的意见常常会对论文的继续完善产生启发和帮助。

此外,我们还需注意:答辩,答辩,自然是有答也有辩。当学位论文的观点受到答辩委员的质疑乃至批评的时候,论文作者如果深信自己的观点是正确的,那就应该勇于为自己的观点辩解,敢于阐述自己的意见。千万不要畏畏缩缩,不敢言语。学术面前,人人平等。答辩会中,辩解是被允许的,而且是正当的。这样的时刻,正是优秀的学生展现自己的学识、才能的好机会。

论文作者的答辩,如果做到了论据坚实可靠,说理圆满充分,令人心悦诚服,就会得到答辩委员会的赞赏。这应该是答辩会的理想境界。需要注意的是,答辩者在为自己的观点辩解以及进一步阐述时要有礼貌,要对提出问题的答辩委员保持应有的尊重,切莫自恃有理,出言不逊。这是一个人应有的修养。

最后，我们在答辩全过程中都要做到思路清晰，要言不烦。答辩会时间紧迫，这种情势对答辩人的思维能力和语言（口语）表达能力提出了很高的要求。答辩者在回答问题时，一定要思路清晰流畅，语言明快简练。思绪混乱、语言啰唆，是答辩中的大忌。

四、答辩中的心态

在答辩之前，答辩者一定要调整好心态。

心态会对答辩效果产生重要的影响。参加答辩应保持自信、谦逊的心态。自信乃是打开成功之门的钥匙。充满自信地去作论文要点自述报告，去回应答辩委员会的提问，就可以把答辩者的能力、才干和知识尽可能完美地展示、发挥出来。只要论文是自己写的，材料是自己辛辛苦苦搜集起来的，论点是认真研究了材料之后创获的，答辩者就有充分的理由抱着满满的自信。自信之外，要谦逊。答辩者面对的是师长辈的专家，而且是一个专家组，他们的学识、修养远远在答辩者之上，答辩者应抱着向他们汇报、向他们请教的态度去答辩，切莫自以为是、刚愎自用，在他们面前班门弄斧、夸夸其谈。

此外，需要克服一种不良的心态，那就是畏怯。畏怯的心态会束缚我们的精神，压制我们的思维，压缩我们的智慧，会使我们本来能够做到、做好的事情，做不到、做不好。一个初出茅庐的青年学生，站在多位专家面前，接受他们的考问，难免有些发怵。但是，这种心理状态是可以平复的，只要我们想到论文是自己花了心血写出来的，只要我们相信答辩委员们只是考核我们的能力，而不会故意刁难我们，这样，我们的心情就会变得平静起来。

五、预答辩练习

答辩是学位论文最后过关的一个环节，直接关系到论文的写作者能否顺利毕业并获得学位。如此重要的答辩，有必要进行预答辩练习。预答辩是模仿论文正式答辩的过程进行的演练，学生可以自行组织，也可在导师的指导下进行（如果是博士的预答辩一般由院系组织）。

研究生和本科生的预答辩一般只是一种自行演练，主要解决论文的个人陈述和答辩礼仪、PPT演示等问题，特别注意答辩者个人陈述的时间不能超过规定时间（每个院校以及每个答辩评审委员会都有自己的要求）。个人陈述的内容一定要抓住重点，言简意明。陈述时不能看稿纸念，这也是一个重要的细节要求。预答辩就如教育实习前必须经过教案审定和试讲一样。预答辩还可以提前熟悉答辩程序,感受答辩气氛。

经过充分的准备和模拟训练,学生再进入正式的答辩席,便可以将自己置于一个自信、成熟且懂规矩的答辩者之列。这种慎重态度一方面是对答辩评委专家的尊重,维护了学位授予过程的尊严,同时也可能让毕业生在正式答辩时收获到好评和赞许,为答辩成功再助一把力。

第六章 艺术专业论文写作注意事项

任何专业论文在写作时都有其自身所需要注意的事项，艺术专业论文也不例外。在艺术专业论文写作中，最重要的就是以艺术作品、艺术现象为依据，以文献印证，尊重艺术本身和客观事实，在充分理解艺术的基础之上，不空谈概念，做到言之有物。强调客观性、公正性。并不是说不要价值评判，恰恰是要价值评判才更需客观性和公正性。具体而言，艺术专业论文的写作要做到客观性和公正性，首要的就是艺术专业论文撰写者理解艺术、懂得艺术。

第一节 尊重艺术

尊重艺术，最重要的是尊重艺术事实。任何艺术作品、艺术家、艺术思潮和艺术规律，都是客观存在的一种艺术现象，而艺术专业论文的撰写，不仅是文字表达的事情，实质上是对艺术的研究，因而需要我们以尊重艺术事实为基础，保证研究的客观性、准确性。

一、公正客观地研究艺术问题

所谓公正客观地研究艺术问题，指的是艺术专业论文撰写者对待艺术作品、艺术家和艺术现象等问题，要不偏不倚，尽量客观地探求研究。换句话讲，论文撰写者不能完全凭借自己的喜好，以及自己的审美趣味去对待艺术。有的艺术理论文章和艺术批评文章，由于论文撰写者极端地表现出自己的喜好，导致论文的结论有失偏颇与公正。诚然，喜好在艺术理论文章和艺术批评文章里是难以避免的，但是，喜好不能代替艺术研究与艺术批评，更不能代替我们公正地讨论艺术的问题。

每个艺术家因其艺术观念、风格、技法以及审美趣味等方面的差异，所创作的艺术作品与他人作品必不一样，艺术作品的丰富性和多层次性也因此而得以呈现。而由于人的个性、性格以及自身的生长环境、学习经历、生活经验不同，自身的喜好也不一样。作为一名艺术欣赏者时，我们当然可以对这些丰富多样的艺术作品及其呈现出的鲜明风格存在喜好与偏爱，然而当我们进行艺术研究、撰写艺术专业论文时，就应当客观、公正地对待这些不同风格、不同特征的艺术创作。如果完全按照自己的喜好来探讨各种艺术问题，看问题难免就会走向极端，就会存在偏颇，无法客观、公正地讨论艺术问题，基于此撰写的论文，必然是没有什么价值的。

二、正确对待艺术现象

对于某些艺术现象的发生，艺术专业论文的撰写者应该站在客观中立的立场和态度开展研究，并描述这些艺术现象的事实。在客观地尊重这些艺术现象的基础上，再依据艺术的基本原理和艺术规律来审视这些艺术现象，不能急于肯定，也不可急于否定。在很多情况下，对一些刚刚发生的艺术现象，需要做一定的远距离审视。正所谓不要"在此山中"，而要跳到"山外"，才能识"庐山真面目"。

远距离审视，有两层意思：一是指空间，二是指时间。空间又是指心理空间，即学术论文作者不能与发生的艺术现象太近，太近就会观察得不全面，看不到事物的整体。适当地保持一种心理距离，可以使观者客观地审视。时间指艺术专业论文作者不要在某一艺术现象一发生时就马上做出反应。俗话说，时间是最好的审判官。有些新的艺术现象，需要一定的时间来思考和观察，才能做出较为准确的判断，才能正确地对待它。

当下我们会看到这样一种现象，当某种新的艺术现象出来时，一些论者就开始撰写艺术批评性的文章或研究性的文章。不是马上批判，就是即刻追捧。这里有两个问题必须引起我们的注意。第一，反应过快的"立即"评论，必然会缺乏思考的过程，判断的准确度会大大降低。我们对某一艺术现象的出现，需要有一个"时间距离"，然后再做出"反应"，也就是需要用充分的时间去理性地思考和冷静地判断。第二，快速地"批判"和"追捧"都不是客观的做法。因为某种艺术现象的出现，不可能一无是处，也不可能优秀得没有缺陷。只有经过一定的时间距离之后，公正客观的艺术批评和艺术研究才会出现，才会显示出实际艺术理论价值。

把一个新的艺术现象一棍子打死或一捧上天，都是对新的艺术现象不公正的做法。因此，无论是作为一个艺术史论家、艺术理论家和艺术批评家，还是艺学的本科生和研究生,最好的方法就是对某种新的艺术现象充分地思考一段时间,始终保持一种不偏不倚的公正而正确的学术态度。

三、有主观价值判断但不带情绪写作

不可否认的是,在研究过程中,任何判断与结论都是带有主观性的。写作者论证的角度不同,掌握的材料多寡,对艺术家了解程度和对作品的理解程度不同,都会影响自身做出判断,而恰恰是这些构成了写作者具有主观价值判断的原因。这种分析和判断的"主观"性是与"客观"材料的掌握程度和多少相关的,并不是写作者的某种情绪所影响的主观的结果。

因此,我们在此着重强调的是,在研究与撰写艺术专业论文时,对任何一个所研究与撰写的对象,不管自身是否喜欢,都要尽可能地客观,依据自身所掌握的材料进行客观的分析和判断。不能因为自己不喜欢,甚至厌恶其作品,而带有极大的抵触情绪来判断和写作,这样撰写出的艺术专业论文可能就会有失公允。反之,对自己非常喜欢的艺术和艺术家,也不能过分吹捧,这同样有失公允。情绪对于艺术专业论文写作者来说,是最需要避免的。它是不稳定的心情的生理反映,是极为感性而缺乏理性的表达方式,因而用情绪来对事物进行认识和做某种判断,必然是偏颇、极端和片面的,不但会阻碍人们对艺术作品的客观判断,同时也遮蔽了人们对艺术作品各种价值的衡量。情绪只能扰乱我们对艺术作品和艺术家的正常阅读、理解、阐释和批评,从而影响到艺术研究与艺术写作的质量。因而在论文写作过程中,我们要切记,万不能被自己的情绪左右。

第二节 理解艺术

尊重艺术的基础是理解艺术。唯有真正理解了艺术,才能做到不偏不倚地撰写艺术理论和艺术批评的论文,这样的论文才会有信服力。理解艺术主要应做到以下几方面:

一、充分了解艺术现象

要充分了解艺术现象,就应该将我们所要了解的艺术现象与艺术史联系起来,在艺术史中看待某种艺术现象。事实上,任何一个群体的艺术家们创造出来的艺

术，以及由此形成的一种艺术现象，都与传统有关，因而我们要对其进行全面看待、综合理解。如前文"尊重艺术"中所阐述的那样，我们要认真领会和理解艺术现象，尽量去体会艺术家的创作意图及其作品的含义，理解他们的作品的艺术形式、他们的观念或者想法。不急于下结论，给予一定的时间与距离去做深刻的理解，在充分理解的基础上再去分析与判断，这样就会公允。

二、了解艺术家的创作过程

要理解艺术，就必须了解艺术家的创作活动或者说是艺术家的创作过程。目前存在这种现象，人们在撰写艺术专业论文时，很少深入艺术家的创作活动过程中。如果在撰写和研究艺术作品时，我们能对艺术家的创作活动多一些了解，甚至目睹艺术家的创作过程，并能够与艺术家就他的创作有所交流，聆听艺术家的创作体会和感想，就能对艺术有更多的理解，从而把握得更准确。实践证明，一个优秀的艺术理论家或艺术批评家，需要接触艺术家的作品，了解艺术家的艺术创作过程，否则根本无法理解艺术家到底是怎样想的，是如何认识对象的。只有了解艺术家的创作过程，我们才有更多的发言权，所撰写出来的艺术文章，才有学术价值，才能让人信服。

三、了解艺术家的艺术创作

对艺术家的劳动成果进行全面了解，是艺术专业论文写作者的基本态度。真正严肃的艺术家对自己的艺术创作必然是认真对待的，我们常听说有的艺术家把艺术创作看作自己生命的再生，把自己的作品视为自己的生命。也就是说艺术家在对待自己的艺术创作和艺术作品时，并非随便的或不严肃的。作为一个从事艺术理论研究和艺术批评的人，在阐释某个艺术家的作品或对其进行批评的时候，首先要努力去了解和读懂艺术家和他的作品。我们要避免一种情况，就是面对一些超越了或挑战了传统艺术的作品时，自己却用传统的艺术知识系统去看待这些作品，一时难以明白就急于否定这些艺术和艺术家，做出不适当的价值判断，甚至自己高高在上，横加指责这些艺术和艺术家。了解艺术家的艺术创作，更深层次讲，就是要看到艺术家创作作品的艰辛和不易。

艺术的本质是创造。创造就需要偏离或背叛前人、超越传统，需要敢于做他人未曾做过的构想和表现方式，才能创造出一种新的艺术形态。而往往这些被创造出来的新的艺术形态和表现形式，在很大程度上由于偏离或背离传统，显现出与一般的艺术形态和艺术形式不一样,甚至是另类的艺术形态,一时难以让人理解,这就更需要艺术理论家和艺术批评家了解以及理解艺术家的创作成果。

当然,对于一些背离艺术规律和艺术原理的非艺术形态制品,尤其是受到西方后现代文化理论解构艺术与非艺术关系影响下出现的一些非艺术现象和"作品",同样需要艺术理论家和艺术批评家严肃对待。用艺术的基本原理分析、探讨和评价它们,分析为什么这些"现象"不能称为艺术现象,这些"制品"为什么不能称为艺术作品,这些都是值得我们认真反思和批评的。

参考文献

[1] 周楷主编. 美术专业毕业论文写作 [M]. 南宁：广西美术出版社，2000.

[2]（清）章学诚著；叶瑛校注. 文史通义校注 [M]. 北京：中华书局，1985.

[3] [法] 托克维尔著；冯棠译. 旧制度与大革命 [M]. 北京：商务印书馆，2012.

[4] 中国社会科学院情报研究所编辑. 科学学译文集 [M]. 北京：科学出版社，1980.

[5] [美] 爱因斯坦（A.Einstein），[美]L. 英费尔德（L.Infeld）著；周肇威译. 物理学的进化 [M]. 上海：上海科学技术出版社，1962.

[6] [德] 汉斯 - 格奥尔格·伽达默尔（Hans-Georg Gadamer）著；洪汉鼎译. 诠释学 1 真理与方法 哲学诠释学的基本特征 [M]. 北京：商务印书馆，2007.

[7] 陈寅恪著；陈美延编. 讲义及杂稿 [M]. 北京：生活·读书·新知三联书店，2002.

[8] 季羡林著. 我的人生感悟 [M]. 北京：中国青年出版社，2006.

[9] 季羡林著；蒋忠新，王邦维编. 朗润琐言 [M]. 上海：上海文艺出版社，1997.

[10] 夏晓虹编. 十二世纪中国文化名人文库 梁启超文选 下 [M]. 北京：中国广播电视出版社，1992.

[11] 陈寅恪著；陈美延编. 讲义及杂稿 [M]. 北京：生活·读书·新知三联书店，2002.

[12] 欧阳哲生编. 胡适文集 4[M]. 北京：北京大学出版社，1998.

[13] 胡适著；欧阳哲生编. 胡适学术文化随笔 [M]. 北京：中国青年出版社，1996.

[14] 郭沫若著. 郭沫若论创作 [M]. 上海：上海文艺出版社，1983.

[15] 胡适著. 治学方法 [M]. 沈阳：辽宁人民出版社，2000.

[16] [德] 马克思（K.Marx），[德] 恩格斯（F.Engels）著；李季译. 马克思恩格斯通信集 第 2 卷 1854-1860[M]. 北京：生活·读书·新知三联书店，1957.

[17] 梁启超著. 读书指南 [M]. 北京：中华书局，2015.

[18] 达尔文著. 达尔文回忆录 [M]. 北京：商务印书馆，1982.

[19] 茅盾著. 茅盾全集 第 22 卷 [M]. 合肥：黄山书社，2012.

[20] 梁启超著. 清代学术概论 [M]. 北京: 东方出版社, 1996.

[21] 鲁迅著. 鲁迅全集 10[M]. 北京: 人民文学出版社, 2005.

[22] 郭沫若著作编辑出版委员会编. 郭沫若全集 文学编 第 19 卷 [M]. 北京: 人民文学出版社, 1992.

[23] 王力, 朱光潜, 等著. 怎样写学术论文 [M]. 北京: 北京大学出版社, 1981.

[24] 李松蔚. 中国五代入宋寒林山水精神内涵 [D]. 北京: 中国艺术研究院, 2018.

[25] 乔晓光. 非物质文化遗产与大学教育和民族文化资源整合 [J]. 美术研究, 2003 (01).

[26] 赵志勇. 布莱希特"陌生化"理论的再认识 [J]. 戏剧（中央戏剧学院学报）, 2005 (03).

[27] 海军. 设计的主动性——服务设计个案研究 [J]. 装饰, 2010 (06).

[28] 王炜丽. 浅谈数码插画的美学特征与实现方式 [J]. 美术教育研究, 2019 (21).

[29] 蔡元培. 我的读书经验 [J]. 新闻出版交流, 2003 (02).

[30] 陶范. 参考文献的转引现象探析 [J]. 编辑学报, 2006 (03).

[31] 肖望. 音乐艺术硕士学位论文写作问题及建议 [J]. 艺术品鉴, 2018 (35).

[32] 王艺品. 艺术设计专业论文写作与现实社会热点问题之关系分析 [J]. 牡丹, 2018 (33).

[33] 胡湘娟. 本科毕业论文写作指导研究 [J]. 科技资讯, 2018, 16 (21).

[34] 李岩, 张明, 周腾蛟. 本科毕业论文写作存在的问题与对策研究 [J]. 才智, 2018 (06).

[35] 许正林. 毕业论文写作的基本技巧与方法 [J]. 新闻与写作, 2018 (02).

[36] 费莉. 如何指导艺术院校研究生的论文写作——以声乐表演专业的选题与规范为例 [J]. 亚太教育, 2016 (22).

[37] 石丹. 谈提升艺术类论文写作主体素质与修养的途径 [J]. 艺术教育, 2016 (03).

[38] 吕佳. 以方法性阅读促进毕业论文的写作要点探微 [J]. 亚太教育, 2015 (35).

[39] 吕伟. 谈大学生毕业论文的写作方法 [J]. 赤子（上中旬）, 2015 (23).

[40] 唐进. 艺术学科青年教师科研方法与论文写作能力培养 [J]. 科学中国人, 2015 (33).

[41] 陈蔓琳. 形成论文写作创见的条件"质疑"与"追问"——艺术类专业院校音乐舞蹈本科生论文指导思考一二 [J]. 黄河之声, 2015 (11).

[42] 郑晓静. 探索提高艺术设计专业本科生毕业论文写作水平的新方法 [J]. 赤峰学院学报（自然科学版）, 2014, 30 (21).

[43] 杜健,方小兵.毕业论文写作中的非常规网络文献检索[J].南昌师范学院学报,2014,35(04).

[44] 孙泽生,毕占天.本科毕业论文写作的要点和技巧——研究准备阶段[J].浙江科技学院学报,2014,26(04).

[45] 陈静.谈艺术类毕业论文的写作[J].艺术科技,2014,27(02).

[46] 饶宗政,袁学良.文献检索课助力大学生毕业论文写作的探索[J].四川图书馆学报,2013(03).

[47] 宫凡迪.艺术类本科毕业论文写作刍议[J].艺术教育,2012(09).

[48] 陈桂梅.艺术设计专业论文写作刍议[J].美术教育研究,2012(14).

[49] 欧咏梅,陈灏.艺术设计专业毕业论文写作常见的问题及对策[J].重庆教育学院学报,2011,24(06).

[50] 张艳兵.毕业论文写作应注意培养的几种能力[J].公安海警学院学报,2011,10(03).

[51] 周来.关于艺术设计专业毕业论文写作的几点思考[J].武汉科技学院学报,2010,23(06).

[52] 杨剑君.艺术类本科毕业论文写作中存在的问题及其对策[J].哈尔滨学院学报,2008(11).

[53] 王艳云.试探设计艺术专业毕业论文的写作[J].艺术与设计(理论),2008(10).

[54] 奚传绩.学术研究是一种修行——关于艺术学科研究生学位论文写作[J].艺术百家,2008(05).

[55] 徐泳霞.艺术设计专业本科生毕业论文写作存在的问题及解决对策[J].南京工程学院学报(社会科学版),2008(02).

[56] 吴哲褒,黄晓洁,廖毅,诸葛启钏.指导教师对本科生毕业论文写作的指导作用[J].中医药管理杂志,2008(02).

[57] 韩超.浅谈设计艺术学论文写作的学术规范[J].牡丹江大学学报,2007(04).

[58] 张莉.如何提高艺术设计本科生的论文写作水平[J].科教文汇(下半月),2006(09).

[59] 潘琳.艺术设计类研究生论文写作与答辩刍议[J].江苏经贸职业技术学院学报,2006(03).

[60] 王文娟.艺术学专业本科毕业论文写作的基本规范及问题纠偏[J].陕西师范大学继续教育学报,2002(03).